KIRCHE IM AUFBRUCH
Reformprozess der EKD

Herausgegeben vom Kirchenamt der EKD
Band 19

Dietrich Sagert

Versteckt

Homiletische Miniaturen

Im Auftrag des
Zentrums für evangelische Predigtkultur

EVANGELISCHE VERLAGSANSTALT
Leipzig

Dietrich Sagert, Dr. phil., Jahrgang 1963, studierte Theologie, Philosophie, Musik und Theater. Er wurde im Bereich Kultur- wissenschaft über Andrej Tarkowskij (HU Berlin) promoviert und arbeitete als Theaterregisseur u. a. in Paris und Luxemburg. Derzeit ist er Referent für Redekunst/Rhetorik am Zentrum für evangelische Predigtkultur der EKD in Wittenberg. Sagert lebt in Berlin.

Bibliographische Information der Deutschen Nationalbibliothek
Die Deutsche Nationalbibliothek verzeichnet diese Publikation in der
Deutschen Nationalbibliographie; detaillierte bibliographische Daten
sind im Internet über http://dnb.dnb.de abrufbar.

© 2016 by Evangelische Verlagsanstalt GmbH · Leipzig
Printed in Germany · H 8017

Das Buch wurde auf alterungsbeständigem Papier gedruckt.

Gesamtgestaltung: Kai-Michael Gustmann, Leipzig
Coverfoto: „Versteckt" © Christian Melms
Druck und Binden: Hubert & Co., Göttingen

ISBN 978-3-374-04131-2
www.eva-leipzig.de

Für Lil und Leonard

Inhalt

Nicht die Erkenntnis bringt uns den Heiligen näher, sondern das Erwachen der Tränen, die im Tiefsten unseres Wesens schlummern. Nur so und allein durch sie gelangen wir zur Erkenntnis und verstehen, wie man heilig werden kann, nachdem man ein Mensch geworden ist.

(Cioran)

Versteckspiel

Gedanken und Themen wandern. Sie wandern aus, je mehr ihre angestammten Gehäuse verknöchern. Sie verstecken sich oder kehren in anderen Zusammenhängen, an anderen Orten, in anderer Form wieder. So wandern auch theologische Gedanken und nehmen Zuflucht bei Philosophie, Literatur-, Kunst- und Kulturwissenschaft. Theologische Gedanken wandern aus und nehmen Zuflucht in anderen Zusammenhängen. Sie verstecken sich dort, verändern sich und können gefunden werden, aufgestöbert.

Auf diese Weise locken sie in Grenzbereiche herkömmlicher Theologie und Predigt. Sie spielen Versteck und nehmen dabei in Kauf, dass Grenzsteine und Zäune umgerissen werden. Werden diese Gedanken gefunden in ihren Verstecken, können sie ihrerseits inspirierend und neuschöpfend auf kirchliche und theologische Diskurse zurückwirken. Sie können ihr Spiel weitertreiben.

Als der niederländische Kulturanthropologe Johan Huizinga im Jahr 1939 sein Buch „Homo ludens"[1] veröffentlichte, hat er nicht nur eine große Resonanz von verschiedenen Seiten gefunden, er hat zugleich eine alte Tradition aufgegriffen, deren Spuren sich auch in den Weisheitsschriften des Alten Testamentes finden. Gemeint ist hier das Spiel nicht als elementare Kulturtechnik, als solche ist sie von Anfang an wirksam, sondern als der Kultur vorhergehend, „phylogenetisch, denn das Tier spielt, ontogenetisch, denn im Kinde

---

1   Johan Huizinga, Homo ludens, Hamburg ²³2013.

verwirklicht sich die Kategorie Spiel immer wieder in ihrer lebendigsten Vollheit"[2]. Wenngleich als Ausgangspunkt einer genaueren Beschreibung dessen, was Spiel ist, die Negation von Ernst („Nicht-Ernst") gelten kann, so schwebt die Kategorie des Spiels nicht nur im Gegensatz Spiel – Ernst. Spiel und Ernst schlagen ineinander um. Sie begrenzen einander, wenn das Spiel auch immer die Tendenz hat, seinen Geltungsbereich zu erweitern.

Einige Merkmale dieses Spiels lassen sich beschreiben als Modi von Erweiterung. Spiel enthält „fast immer ein wesentliches Element von Bindung und Lösung"[3] in den Wechselbeziehungen zwischen den Spielenden in der Welt, die das Spiel herstellt und auch wieder auflöst. Ein Spiel stellt etwas dar, es verwirklicht etwas, „gibt dem Formlosen eine Form. Das Spiel ist eine Handlung, *dromenon, drama*"[4] Spiel ist Streit, Wettkampf, Disput. Im Spiel „verbinden sich die zwei Elemente der Chance und des Einsatzes"[5]. Beim Spiel geht es um etwas. Und

> „Spiel erzeugt Stil. Die einfachste Form des Kinderspieles, ein Reigen mit Gesang, besitzt oft diese hohe Qualität des Stilvollen, nach welcher eine ganze Kunstepoche vielleicht vergebens hungert. Die Hauptattribute des Stiles, Rhythmus, Wiederholung, Kadenz, Refrain, geschlossene Form, es sind alle zugleich solche des Spieles. Was aber im Ästhetischen Stil heißt, heißt im Ethischen Ordnung und Treue. Diese Früchte reifen im Garten des Spieles, das ja Assoziation zur Voraussetzung hat."[6]

---

2 DERS., Das Spielelement der Kultur. Spieltheorien nach Johan Huizinga von Georges Bataille, Roger Caillois und Eric Voegelin, Berlin 2014, 20.

3 Ebd.

4 A. a. O., 21.

5 A. a. O., 22.

6 A. a. O., 22 f.

In diesem Sinne spielt das vorliegende Buch sein Spiel mit Formen – Kommentare, Glossen, Montagen, Thesen – und mit Gedanken, Zitaten und Autoren. Es folgt gedanklichen Wanderungen, Abbrüchen, Wiederholungen und Verwandlungen. Es stellt Wechselbeziehungen her zwischen Autoren, zwischen denen keine Beziehungen bestehen. Es schafft Gegenüberstellungen und löst sie wieder auf. Es ignoriert Grenzen. Es spielt und experimentiert. Dabei gibt es nicht vor, schon zu wissen, sondern es gibt dem Leser teil an Suchbewegungen, die auch irritieren können. Es lädt dazu ein, auch dann noch zu lesen, also weiter zu fragen, wenn es mehr Fragen aufwirft, als es Antworten geben kann. Manches wird man mehrfach lesen müssen. Im Zweifel empfiehlt es sich, einfach weiterzublättern und an einer anderen Stelle wieder einzusetzen, dort vielleicht zu finden.

Dies Buch teilt mit seinen Lesern sein eigenes Vergnügen bei der Suche nach Verstecken von homiletisch inspirierenden Gedanken und gibt Fundstücke zu lesen, häufig im Originalton als Zitat, in der Freude darüber, sie gefunden zu haben. Auf diese Weise teilt es die Suche nach Denkspielräumen. Vielleicht liegt sein Sinn vor allem darin, Gedanken als für Predigt und Predigtlehre relevant zu lesen, die es von sich aus nicht sind.

Wie in jedem Spiel will das Buch seine Spielräume erweitern und riskiert es, sich im Spiel zu verlieren. Es vertraut der Intuition, dass in den beständigen Grenzerweiterungen des Spiels Kultur wächst, auch Predigtkultur.

Das vorliegende Buch ist während der konkreten Arbeit an Theorie und Praxis der Predigt am Zentrum für evangelische Predigtkultur entstanden.[7] Bei dieser Arbeit höre, sehe

---

7   Es kann als zweiter Teil mit vielen wechselseitigen Querverbindungen gelesen werden zu: DIETRICH SAGERT, Vom Hörensagen. Eine kleine Rhetorik, Leipzig 2014.

und erlebe ich ein großes Vergnügen, an der Praxis der Predigt zu arbeiten auch dann, wenn es in Theorie und Praxis schwierig wird. Und es wird immer schwierig. Ich beobachte aber auch eine erschreckende Befangenheit in Gewohnheiten, die von sogenannten theologischen oder homiletischen Grundentscheidungen herrühren, von schulmeisterlichen Deutekompetenzen für das Christliche, die ihrerseits eine lebendige Praxis von Predigt unnötig verstellen. Die Schwerkraft solcher Gewohnheiten gleicht Verstecken, die alle kennen, die aber keiner sucht. Mit ihnen wird nicht gespielt. Sie fordern auch kein Spiel heraus, sondern Gefolgschaft. Die einzige Möglichkeit, derartige Verstecke ins Spiel zu bringen, ist ihre Entdeckung. Die mag rücksichtslos erscheinen, ihre Wirkung aber befreit.

Die prägende Form dieses Buches ist klein. Es vertritt denn auch keine strukturelle oder normative Macht. Es verweigert sich der Gefolgschaft. Die Lesenden sind eingeladen, das zu finden, was ihnen entspricht. Für sie wird es interessanter sein, darauf zu achten, was sie finden, und nicht so sehr darauf, wie sie etwas finden. Sie werden ihren eigenen Lesemodus erfinden müssen. Der wird sich nicht so sehr an einem vermeintlichen Verstehen des Gelesenen orientieren (man versteht sowieso weniger, als man denkt), sondern eher an einem in unterschiedlichen Verständnis-Graden variierenden Umgehen mit dem Gelesenen, eben spielen, weitergehen, auf etwas zurückkommen, verwerfen, vielleicht erst verwerfen und dann doch entdecken oder umgekehrt. Die Lesenden werden sich aneignen, was sie finden, vielleicht nur zum Teil, und sie werden es auch wieder abstoßen und in ihrem Sinne weiterspielen. Sie werden ihr eigenes Spiel spielen.

I. Versteckt

Wir werden übermannt von großen Reden,
Polemiken, dem Ansturm des Virtuellen,
die heute eine Art undurchsichtiges Feld schaffen.
Die Güte liegt tiefer als das tief gehendste Böse.
Diese Gewissheit müssen wir freilegen und ihr eine Sprache geben.
Die Sprache, die ihr in Taizé verliehen wird, ist nicht die der Philosophie,
nicht einmal die der Theologie, sondern die der Liturgie.
Liturgie ist nicht einfach ein Tun, sie ist ein Gedanke.
In der Liturgie liegt eine verborgene, verschwiegene Theologie,
die sich in der Vorstellung zusammenfassen lässt,
dass ‚das Gesetz des Betens das Gesetz des Glaubens‘ ist.
Paul Ricœur

Auf einem der burgundischen Hügel des Grosne-Tales findet sich unweit einer alten romanischen Kirche eines der bekanntesten Laboratorien der heutigen Christenheit: die Communauté de Taizé. Zeichenhaft experimentiert diese ökumenische Gemeinschaft von Brüdern die kommende Kirche. Auf den Spuren alter monastischer Traditionen leben sie eine *création commune*. Jeder bleibt Mitglied seiner Herkunftskirche und entdeckt im gemeinsamen Leben die Gaben der anderen. Ein entscheidendes Stichwort dieser Praxis ist die „Dynamik des Vorläufigen" (Frère Roger). Sie betrifft nicht nur gemeinschaftliche Lebens- und Organisationsformen, sondern auch die gemeinsame spirituelle Praxis. So experimentierte die Gemeinschaft, als sie noch unbekannt war, mit neuen liturgischen Formen in der Tradition der Stundengebete. Als mehr und mehr Gäste aus aller Welt

auf den Hügel des kleinen Dorfes in Burgund kamen, such-
ten die Brüder beharrlich nach Formen, die möglichst viele
Menschen verschiedenster Herkünfte, Sprachen und Kultu-
ren bei einem Gebet nicht nur zuschauen, sondern teilnehmen lassen konnten. Es entstanden u.a. die heute weltweit
bekannten Gesänge von Taizé. Sie finden sich inzwischen in
vielen Gesangbüchern verschiedener Kirchen in vielen Län-
dern der Erde. Doch jenseits dessen, was die Brüder in Taizé
und anderen Ortes praktizieren, lohnt es sich, ihre Praxis
unter dem Aspekt eines Labors zu betrachten und zu reflektieren. Ein interessanter Punkt in diesem Zusammenhang
ist die Predigt. Im praktischen Leben dieser Gemeinschaft
ist die Predigt umhergewandert. Real findet sie sich an mehreren Orten zugleich, selten, aber doch gelegentlich im Gottesdienst, täglich in biblischen Einführungen, die auch in
Büchern theologisch fundiert veröffentlich werden. Theore-
tisch ist die Predigt eher versteckt.[8] Doch schon der internationale Kontext der Gemeinschaft von Taizé und ihrer Besucher nimmt eine alte, unterschätzte Erfahrung homiletisch
wieder auf: *„scriptura cum legente crescit*, die Bibel wächst
mit"[9]. Was dort praktisch einfach geschieht, korrespondiert
auf überraschende Weise zeitgenössischen Reflexionen,
lässt zumindest unbeabsichtigt Platz für sie und fordert diese indirekt heraus.

---

8   Vgl. Frère Richard, Bibeleinführungen in Taizé als homiletische Praxis. Ein
    Gespräch, in: Kathrin Oxen, Dietrich Sagert (Hg.), Übergänge. Predigt zwi-
    schen Kultur und Glauben, Leipzig 2013, 271–294.

9   Frère Richard, Die Bibel wächst mit, in: Klaus Nientied (Hg.), Taizé – Welt-
    dorf für innere Abenteuer, Freiburg 2006, 115.

Beobachtung

Der sonntägliche Gottesdienst der Communauté de Taizé folgt der schlichten Messform. Diese alte Form ist umwoben von Gesang, mehrsprachig, mehrstimmig, antiphonisch respondierend. Alle sitzen auf dem Boden. Keiner steht vor.[10] Der Gesang hat eine spürbare emotionale Kraft. Zu den Lesungen gehen zwei Brüder in ihren weißen Gebetsgewändern zum Lesepult in der Mitte der Kirche. Brüder und Gemeinde erheben sich – man sitzt oder kniet auf dem Boden –, drehen sich zum Lesepult und setzen sich wieder; ein kleiner Tanz. Die Lesung des Evangeliums geschieht in englischer und in französischer Sprache. Ihr folgt ein mehrstimmiger österlicher Halleluja-Ruf mit solistisch dazwischen gesungenen Psalmversen. Währenddessen erheben sich Gemeinde und Brüder wieder und drehen sich zurück in die Position mit Blick in Richtung Altarraum. Weitere Lesungen eines ausgewählten Verses des Evangeliums in vielen weiteren Sprachen folgen, je nachdem, aus welchen Gegenden der Welt Besucher am Gottesdienst teilnehmen. Nach je zwei oder drei dieser Kurzlesungen folgen wiederum einige Psalmverse mit einem Halleluja als Antwort. Schließlich spricht der Prior der Communauté de Taizé, Frère Alois, mit zurückhaltender und zugleich großzügiger Stimme ein kurzes Gebet in mehreren Sprachen hintereinander. Er bleibt dazu wie alle anderen (außer den beiden Lektoren für die Lesung) an seinem Platz inmitten der Gemeinde.

---

10 Selbst bei der an dem erwähnten Abschnitt des Gottesdienstes anschließenden Eucharistiefeier sind so viele Menschen wie möglich beteiligt, was einige wundervolle und schöne Bewegung in die Kirche bringt.

„Heiliger Geist,
Du kennst unsere Zerbrechlichkeit,
Du kommst und verklärst unsere Herzen,
so werden selbst unsere Dunkelheiten
zu innerem Licht."[11]

Dann ist Stille. Ungefähr zehn Minuten entspannte, dichte Stille. Wenn schließlich eine Solostimme „*credo*" zu singen beginnt, „ich glaube", summt die Gemeinde mit und stimmt immer wieder mit einem österlichen Halleluja ein in die in mehreren Sprachen solistisch ein-, zwei- und dreistimmig gesungenen Passagen des alten Credos.

In diesem einfachen liturgischen Vollzug halten sich Homiletik und Predigt beharrlich versteckt: Lesung (Evangelium) – Halleluja – Gebet – Stille – mehrstimmiges Credo. Einen Vollzug kann man nicht erklären. Erklärt man ihn, hindert man sein Vollziehen. Man vollzieht ihn und hat eine Erfahrung gemacht. Diese kann man reflektieren. Wenn sich Homiletik und Predigt in einem Vollzug verstecken, kann man sie zwar dort vermuten, doch nicht vom Vollzug lösen. Als versteckte verändern sich beide nur im Vollzug. Man kann gespannt sein, wie sie sich verändert haben werden, wenn sie wieder hervorkommen oder gefunden werden. Kommentare können Vollzüge aus unterschiedlichen Perspektiven beleuchten, ihre Erfahrungen ins Denken heben und dann wieder freilassen. Kommentare entdecken keine Intentionen, sie reglementieren keine Erfahrung. Sie spielen denkend mit. Und Erfahrungen gehen ihren Gang.

---

11 Frère Roger, Prier dans le silence du cœur. Cent prières, Taizé 2005, 120.

Die folgenden Kommentare eröffnen Denkräume für die einzelnen Teile des Vollzuges und überdenken seine Erfahrungen. Sie bieten dabei homiletische Anknüpfungspunkte und Angebote, Homiletik aus dem gottesdienstlichen Vollzug heraus experimentell zu denken.

Kommentare

Lesung

Das laute Lesen ist eine meistens unterschätzte spirituelle Praxis in den aus der Reformation hervorgegangenen Kirchen. Das verwundert umso mehr, als sich im lauten Lesen mehrere Praxisebenen finden lassen: Lautes Lesen übt die Stimme, lautes Lesen übt die Sprechwerkzeuge wie Muskeln etc., lautes Lesen trainiert das Gedächtnis. Zudem verbindet die Praxis des lauten Lesens als spirituelle Praxis die persönliche Schriftlektüre mit der öffentlichen Lesung im Gottesdienst.

In der gottesdienstlichen Realität kann man allerdings landauf, landab den Eindruck gewinnen, als ertöne von den Lesepulten der Kirchen immer dasselbe. Es wird also nicht gelesen, sondern nur wiederholt. Trotz einer protestantischen Skepsis gegenüber wiederholenden Ausdrucksformen des Glaubens hätte sich ausgerechnet bei den Schriftlesungen in Tonfall, Wort und Geste viel Wiederholen eingeschlichen. Allzu oft wird durchs bloße Wiederholen die schöpferische Kraft der Wiederholung verpasst.

Worin besteht die schöpferische Kraft der Wiederholung? Wiederholung bildet eine Grundkategorie der Philosophie des französischen Philosophen Gilles Deleuze. An den Anfang seiner grundlegenden Untersuchung „Differenz und Wiederholung" stellt er ein „Triptychon aus Pastor, Antichrist und Katholik"[12], gebildet von Sören Kierkegaard, Friedrich Nietzsche und Charles Péguy.

---

12 GILLES DELEUZE, Differenz und Wiederholung, München 1992, 20; vgl. 15–47; zu den von Deleuze verwendeten Quellentexten der drei Referenzautoren siehe 23, Anm. 4.

Anhand von Charles Péguys Philosophie der Geschichte arbeitet Deleuze ein besonderes Verhältnis von Wiederholung und Ereignis heraus. Dabei löst er „die Wiederholung von der Vorstellung eines immer gleich ausfallenden Rückgangs in die Vergangenheit" und bestimmt sie „als nach vorne gerichtet[n], offene[n] Prozess", der sich nach vorne, „vorlings" (Kierkegaard) erinnert. „Nicht vom jeweiligen Endpunkt einer Serie von Geschehnissen her fasst Péguy demzufolge die historische Überlieferung auf, sondern ausgehend von jenem singulären Ereignis, das den Tradierungsprozess als solchen begründet, in Gang bringt und fortführt."[13] Zur Veranschaulichung dient Deleuze insbesondere eine Passage aus Péguys Buch „Clio". Sie bezieht sich auf die berühmten Seerosengemälde von Claude Monet: „Welche dieser siebenundzwanzig und dieser fünfunddreißig Seerosen ist am besten gemalt worden? Die logische Begründung wäre zu sagen: die letzte, weil er es am besten konnte. Und ich sage: im Gegenteil, im Grunde die erste, weil er es am wenigsten konnte."[14]

Die Wiederholung wird hier

> „als Verhältnis und Verhalten zu einem Ereignis bestimmt, das mit nichts anderem ähnlich oder äquivalent ist. Die Singularität des ersten Seerosengemäldes bringt bei Monet einen repetitiven und zugleich differenzierenden Schaffensprozess in Gang, der über weitere Seerosengemälde verläuft und fortgeführt wird."[15]

---

13 Henning Schmidgen, Bruno Latour. Zur Einführung, Hamburg 2011, 30.

14 Charles Péguy, Clio. Dialogue de l'histoire et de l'âme païenne, in: Ders., Œuvres en prose. 1909–1914, Paris 1961, 126, zitiert nach Schmidgen (Anm. 13), 30 f.; vgl. Deleuze (Anm. 12), 16.

15 Schmidgen (Anm. 13), 31. Wie sich dieser Begriff von Wiederholung historisch liest, verdeutlicht die zweite Passage, auf die Deleuze zurückgreift: „Die Bastille hat ihnen [den Menschen in Frankreich] niemals etwas getan.

Péguy hat sein Prinzip der Wiederholung nicht nur als eine Theorie der seriellen Kunst verstanden, sondern sie direkt in eine „neue Praxis des Schreibens" überführt, mit der „die Metaphysik in Bewegung, in Gang gesetzt" wird. „Die Wiederholung ist bei Péguy damit nicht nur Thema, sie schlägt sich sozusagen auch performativ nieder." Péguy hat einen eigenen Schreibstil entwickelt, der beständig wiederholt. Er schreibt also nicht nur über Wiederholung, sondern wiederholt schreibend selbst, und der Leser kann nur verstehen, wenn er sich der Wiederholung des Geschriebenen selbst aussetzt.

Damit sind wir beim Thema des Lesens angelangt bzw. bei den Konsequenzen für das Lesen, die der französische Soziologe Bruno Latour aus Theorie und Praxis der Wiederholung bei Charles Péguy zieht. Latour fragt: „Ist Péguy unlesbar?"[16]

Péguy setzt schreibend die „gewöhnlichen Kategorien der Lesbarkeit" außer Kraft, indem er „gegen die Modi der zerstreuten, der historischen oder der klerikalen Lektüre [...] eine Weise des ‚entwöhnten' Lesens [setzt], welche die Ursprünglichkeit eines Textes von Neuem erscheinen läss[t]".

> „Diese Art des Lesens bring[t] einen Text dazu, wieder anzufangen, und macht [...] aus ihm ein Ereignis, das von ferne her im gegenwärtigen Augenblick auf den Leser zu kommt."

Der Sturm auf die Bastille [...] war eigentlich ein Fest, er war die erste Feier, die erste Gedenkfeier und sozusagen der erste Jahrestag des Sturmes auf die Bastille." Péguy (Anm. 14), 180, zitiert nach Schmidgen (Anm. 13), 31. Vgl. Deleuze (Anm. 12), 16. Der Sturm auf die Bastille folgte also weniger einer historischen Logik, die auf äußere Fakten oder Interessen zurückgeführt werden, sondern der Spontanität der Menschen.

16 Bruno Latour, Pourquoi Péguy se répète-t-il? Péguy est-il illisible?, in: Péguy Ecrivain, Colloque du Centenaire, Paris 1973, 78–102; vgl. Bruno Latour, Nous sommes des vaincus, in: Camille Riquier (Hg.), Charles Péguy, Paris 2014.

Diese Veränderung der Lektüre geschieht durch die Änderung der „gewohnten Richtung der Lektüre".

> „Es geht nicht länger um die äußerliche Aufeinanderfolge von Wörtern in Zeilen, auch nicht um die laterale Verbindung eines Textes zu anderen Texten, sondern um einen Rückbezug des Gelesenen in die Tiefe der Zeit, einen Rekurs der präsenten Lektüre auf das vergangene Ereignis der Schrift."[17]

Diese Ereignisse nennt Latour „Inskriptionen". In ihnen drücken Erfahrungen sich in die Schrift ein, hinterlassen einen Abdruck ihrer Intensität in der Schrift. Die Erfahrung selbst aber ist von nun an abwesend, wenngleich ihre Spur das Versprechen einer Wiederkunft enthält. In der Wiederholung kann sich die entsprechende Erfahrung lesend einstellen. Sie wird dann eine neue Erfahrung des Ereignisses, das sich in die Schrift gedrückt hat.

Eine „entwöhnte" Lektüre lässt sie wieder neu anfangen, lässt „aus ihnen ein Ereignis werden, das im gegenwärtigen Augenblick auf [den Lesenden] zukommt. Nur die Richtung hat sich geändert: Die Ferne, aus der sich das Ereignis nähert, liegt nicht mehr in der Vergangenheit, sondern in der Zukunft." Lektüre als Wiederholung ist

> „nicht mehr als gleichbleibender Rückgang auf etwas gedacht, sondern als ein nach vorne offener Prozess, der durch ein Ereignis begründet, in Gang gebracht und fortgesetzt wird. Nur ist dieses Ereignis nichts, worauf verwiesen wird. Es ist selbst Verweis, ein Zeichen, eine Differenz."[18]

Eine solche Differenz tritt konkret im lesenden Vollzug dann hervor, wenn man die biblischen Texte nicht als Historien,

---

17 Schmidgen (Anm. 13), 32 f.
18 A. a. O., 70.

also Erzählungen liest, sondern als Szenen. Das bedeutet zu-
allererst zu fragen bzw. mitzudenken, wer etwas sagt und
warum und zu wem; in welcher Situation gesprochen wird,
welche Verhältnisse zwischen den Personen bestehen, welche Konflikte, aber auch welche Interessen verfolgt werden;
wer der Gegner ist und wie eine geschlossene Situation ins
Offene manövriert werden soll und kann oder wie dies gerade zu verhindern versucht wird.

Angesichts der hohen szenischen Anteile in den biblischen
Texten, die manchmal indirekt durch Redaktionsschichtun-
gen, Überarbeitungsstufen u.ä. entstanden sind, verwundert es, dass eine solche mehrstimmige Lesart der besonderen Erwähnung bedarf. Wie konnte es dazu kommen?

Aristoteles „unterschied zwei Wege der Mimesis: ‚dasselbe [Ereignis] nachzuahmen, entweder im Bericht – oder
indem man alle Personen als Tätige, Wirkende auftreten
lässt‘".[19] Das eine sei rückwärtsgewandt-berichtend, das
andere präsentisch-vorführend. Plutarch unterschlug die
scharfe Unterscheidung und vermengte beides zugunsten
der Geschichtsschreibung. Dies hatte über verschiedene Sta-
tionen grundlegende Folgen für die malerische Darstellung
biblischer Stoffe und lässt sich wie folgt zusammenfassen:
„,Büchern‘ entstammt die dargestellte Geschichte; Bücher
bürgen mithin für die Wahrheit des Bildes. Seine ‚Geschichte‘
berichtet Vergangenes; der Vergangenheit steht es zu, die
Gegenwart zu belehren."[20]

Zur Zeit Gregors des Großen hatten Bilder in Kirchen
kein anderes Bleiberecht, als die Analphabeten zu belehren. Erkennbar werden Bilder nur für den, der die Erzählung

---

19 Ivan Nagel, Gemälde und Drama: Giotto, Masaccio, Leonardo, Frankfurt a. M. 2009, 16.
20 A. a. O., 22.

schon kennt.[21] Die Pointe von „Plutarchs Plagiat" (Ivan Nagel)
entpuppt sich als Herrschaftsstrategie. Die Deutungshoheit
eines Bildes in der Kirche oblag seinem Patron bzw. Auftraggeber und nicht dem Maler, wie zur Zeit der Renaissance.
Der Auftraggeber fungierte als Zensor.[22] Er war der Reprä-
sentant der Lesart der Texte. Als solcher erlaubte oder ver-
bot er das, was bildlich dargestellt werden durfte. Hinter der
Machtstrategie gegenüber bildlichen Darstellungen verbarg
sich also die Macht über die korrekte Lesart von Texten und
damit ihre Reduktion auf den vergangenen Bericht.

Der Vorrang vergangener Texte gegenüber ihrer bildlichen Darstellung hatte direkte Auswirkungen auf die Lesart der Texte selbst. Wurden diese auf ihre Vergangenheit
fixiert, so fixierte sich auch ihr Inhalt auf die Vergangenheit,
ihre Wahrheit wurde zu einer vergangenen Wahrheit und
damit codiert und verrechtlicht. Diese Lesart zensierte die
Texte selbst.

Große Maler unterwanderten diese Strategie: „Sie definieren sich geradezu daraus, wie sie das ‚unerzählbare'
Geschehen für sich und uns in Bildgestalt verwandeln. So
stellt Masaccio das Ereignis lebend vor uns, statt zu erzählen; Pierro della Francesca gedenkt seiner, statt zu erzählen;
Grünewald erlebt es in Schmerzen, statt zu erzählen; Bruegel
destruiert es, statt zu erzählen." Eine unbekanntere Zuflucht
des „getreu-erfinderisch" ineinander Verwebens von Bericht
und Imago findet sich in den mittelalterlichen Handschriften, als Miniaturen in Evangeliaren und Missalen bis zu den
Holzschnitten reformatorischer Flugschriften.[23]

---

21 Vgl. a. a. O., 23.

22 Vgl. a. a. O., 35.

23 Vgl. a. a. O., 24–26. Überraschenderweise taucht „getreu-erfinderisch" an
    dieser Stelle in diesem Text schon auf. Später wird es in unserem Text von
    einem anderen Autor eine zentrale Bedeutung erhalten.

Eine Rückbesinnung auf das Szenische der biblischen Texte selbst kommt einer Unterwanderung von Deutungshoheit ihrer Lesart gleich, die zugleich eine Dramatisierung des Lesens ist: Anstatt zu berichten, lässt eine solche Lesart „alle Personen als Tätige und Wirkende auftreten". In der Malerei hieß das, sie auf die „Bühne der Zentralperspektive" zu stellen, sie wieder zu erschaffen.[24] Für die Lektüre biblischer Texte heißt das, die Personen als Tätige und Wirkende auf der imaginären Bühne des Hörenden erscheinen zu lassen.

Dies meint keinen deklamierenden oder theatralisierenden Lesestil, sondern ein einfaches, neugieriges szenisches Mit-Denken des Textes beim lauten Lesen. Insofern schließen die künstlerischen Unterwanderungen des Plagiats von Plutarch verschlossene Lesarten biblischer Texte selber wieder auf ins Heute des Lesens: Wer spricht mit wem warum worüber.

Halleluja

Auf einem Notizzettel zu einem ungeschriebenen Buch über die menschliche Stimme notierte der italienische Philosoph Giorgio Agamben folgende Fragen: „Gibt es eine menschliche Stimme, eine Stimme, die die Stimme des Menschen ist, so wie das Zirpen die Stimme der Zikade oder das Iahen die Stimme des Esels ist? Und ist diese Stimme, wenn sie tatsächlich existiert, die Sprache?"[25] Nicht zufällig stellt Agamben seine Untersuchungen zur menschlichen Stimme in den Zusammenhang der Kindheit und weist damit zugleich auf das Problem der Grenzen der Sprache. Die Grenzen der Sprache – als Unsagbares und Ungebundenes eignen sie

---

24 Vgl. a. a. O., 39 f.

25 Giorgio Agamben, Kindheit und Geschichte, Frankfurt a. M. 2004, 7 f.

einzig der menschlichen Sprache[26] – als ein *experimentum linguae* zu verstehen, bedeutet, sich der Erfahrung der Sprache selbst auszusetzen. „Kindheit ist ein *experimentum linguae* dieser Art. In ihr werden die Grenzen der Sprache nicht außerhalb ihrer, in Richtung ihrer Referenz gesucht, sondern in einer Erfahrung der Sprache als solcher, in ihrer reinen Autoreferentialität."[27]

Anders gesagt ist diese Erfahrung ein „kindlicher Verbleib in der Differenz zwischen Sprache und Rede"[28]. Eine künstlerische Parallele findet sie in den onomatopoetischen Experimenten des Dada. „Es gibt eine gnostische Sekte, deren Adepten vom Bilde der Kindheit Jesu derart benommen waren, dass sie sich quäkend in eine Wiege legten und von den Frauen sich säugen und wickeln ließen. Die Dadaisten sind ähnliche Wickelkinder einer neuen Zeit."[29] Die dadaistische Praxis war allerdings weniger prosaisch. Sie bestand in der Erfindung von „Verse[n] ohne Worte oder Lautgedichte[n], in denen das Balancement der Vokale nur nach dem Wert der Ansatzreihe erwogen und ausgeteilt wird"[30].

Doch was soll das?

> „Man verzichte[t] mit dieser Art Klanggedichte in Bausch und Bogen auf die durch den Journalismus verdorbene und unmöglich gewordene Sprache. Man zieh[t] sich in die innerste Alchimie des Wortes zurück, man g[ibt] auch das Wort noch Preis und bewahr[t] so der Dichtung ihren letzten heiligen Bezirk. Man verzichte[t] darauf, aus zweiter Hand zu dichten: nämlich Worte zu übernehmen (von Sätzen ganz zu schweigen), die man nicht funkelnagelneu für den eigenen Gebrauch

---

26 A. a. O., 8.
27 A. a. O., 10.
28 A. a. O., 13.
29 Hugo Ball, Die Flucht aus der Zeit, Zürich 1992, 100, vgl. auch 107 f.
30 A. a. O., 105.

erfunden ha[t]. Man woll[t]e den poetischen Effekt nicht länger durch Maßnahmen erzielen, die schließlich nichts weiter
s[ind] als reflektierte Eingebungen oder Arrangements ver-
stohlen angebotener Geist-, nein Bildreichigkeiten."[31]

Der historische Ort dieser Experimente: Zürich während des
Ersten Weltkrieges – dieses seinerzeit von den christlichen
Kirchen eifrig propagandistisch flankierte Völkergemetzel –
bezeichnet deutlich, worum es ging: um die zaghaften Ver-
suche einer Sprache, die einer von den Kanzeln geflohenen
Antikriegspredigt angemessen hätte sein können.

Dem ersten Vortrag derartiger Gedichte in Kostüm und
Maske durch Hugo Ball verdanken wir eine der seltenen
Fotografien und eine genaue Beschreibung derartiger *per-
formances* im Tagebuch des Autors und Vorträgers „Die
Flucht aus der Zeit". Es überrascht wenig, dass er als „magi-
scher Bischof" verkleidet zu seiner eigenen Überraschung in
einen „rezitativartigen Kirchenstil zu singen"[32] verfiel.

Ein „großes Lalula" (Friedrich Kittler) klingt seit alters her
im Halleluja durch die Kirchen des Ostens und des Westens:
eine ständige Erfrischung an der Differenz zwischen Sprache
und Rede, die über das Halleluja hinaus noch weitere „Worte"
kennt: maranatha, kyrie eleison, hosianna u. a. Man kann darin eine Form der Glossolalie[33] entdecken, doch man täusche
sich nicht: Paulus macht eine solche Erfahrung zur Grunder-
fahrung von Homiletik, wenn er für „verkündigen" das griechische Verb *laloumai* an einschlägigen Stellen[34] verwendet.

---

31 A. a. O., 106.

32 A. a. O., 105 f.

33 Vgl. THOMAS MACHO, Glossolalie in der Theologie, in: FRIEDRICH KITTLER/
THOMAS MACHO/SIGRID WEIGEL (Hg.), Zwischen Rauschen und Offenbarung. Zur Kultur- und Mediengeschichte der Stimme, Berlin 2008, 3–17.

34 1KOR 2,1–7.

„Zu sagen ist nichts mehr: Vielleicht, dass etwas noch gesungen werden kann", schreibt Hugo Ball in der Einleitung zum ersten Hymnus in seinem bizarren dadaistische Roman „Tenderenda der Phantast"[35]. Dieser Satz markiert präzise die andere Erfahrung von Stimme als *experimentum linguae*: das Singen.

Im Zusammenhang seiner Studien über das Christentum skizziert Giorgio Agamben in einer Vorlesung folgenden Gedanken:

> „Warum spielt Musik im monastischen Leben eine besondere Rolle? Musik steht dort im Zentrum des Lebens. Es waren Klöster, in denen die liturgische Musik erfunden worden ist. Ein Mönch singt sein ganzes Leben lang. Gebet ist eine Form des Gesanges. Das hat vielleicht mit dem Projekt zu tun, eine Lebensform zu formen. Musik ist die angemessene Art, eine Lebensform zu bilden. Das ist auf einer sehr empirischen Ebene zu belegen, denn es gibt Texte in der monastischen Überlieferung, die suggerieren, dass Singen der Weg ist, die Zeit zu messen und zu organisieren, eben in dem Maße, in dem Uhren noch nicht so wichtig waren. Singen ist eine Art, Zeit zu vergeistigen. Vielleicht ist Singen sogar der einzige Weg, Subjektivität auszudrücken"[36].

Agamben bezieht sich darin vage auf den französischen Philosophen Philippe Lacoue-Labarthe, der in seinem Buch über das Subjekt der Philosophie[37] das Subjekt als ein Echo beschreibt, das musikalisch und rhythmisch vorgeburtlich eingestimmt ist durch den Herzschlag und die Stimme der Mutter. Sollte sich im Singen, in der Singstimme, jenseits von Repräsentation und Sinn ein solches Echo unserer Subjekti-

---

35 HUGO BALL, Tenderenda der Phantast, Innsbruck 1999, 39.

36 GIORGIO AGAMBEN, A Genealogy of Monasticism, 2009 1_7_2, www.egs.edu, (14.8.2013).

37 PHILIPPE LACOUE-LABARTHE, Le sujet de la Philosophie, Paris 1979, 297 f.

vität hören lassen, so ist darin zweierlei zugleich gegeben: die Einzigartigkeit eines jeden Subjektes und der einstimmige bzw. mehrstimmige Zusammenklang.

Im Singen ist das Subjekt zugleich singulär bei sich selbst und gibt sich plural, chorisch auf, ohne jedoch verlorenzugehen.

Gebet

Englische Literaturwissenschaftler, Philosophen, Bibelwissenschaftler und andere fragten den französischen Philosophen Jacques Derrida auf einem Podium in der Universität Glasgow, was er denn damit meine, wenn er von sich schreibe, er sei ein Mann des Gebetes und der Tränen und bete allezeit: „Zu wem beten Sie? Von wem erwarten Sie Antwort auf Ihre Gebete?"

Sich vorsichtig an eine Antwort herantastend – mit einem Gebet –, beginnt Derrida zu antworten: Er bittet dafür um Verzeihung, dass er zu antworten versucht zu einem Thema, zu dem er nicht kompetent ist, er sei weder Judaist noch Theologe noch Bibelwissenschaftler ...

Wenn es jedoch Gebet gibt und wenn er, Derrida, betet, dann ist Gebet etwas absolut Geheimes. Natürlich gibt es öffentliche, gemeinschaftliche Gebete. Aber selbst bei einem Gebet in Gemeinschaft wäre sein Gebet ein stilles, geheimes Gebet, das immer auch etwas in der Gemeinschaft unterbricht. Ein Gebet ist also eine Mischung von etwas singulärem Geheimen und etwas rituellem Gemeinsamen, das den Körper einbezieht in kodierten Gesten: knien, stehen, mit einem Buch oder ohne, gehen ...

Wenn es für Derrida Gebet gibt und wenn er betet, dann erwachen in einem und demselben Moment des Gebetes mehrere Alter. Das erste Alter ist ein kindliches, archaisches.

Wenn man betet, ist man immer ein Kind. In diesem Alter versammeln sich kindliche Bildwelten: Gott als der Großvater, der strenge, aber unerbittlich gerechte Großvater mit einem Bart; zugleich ist da die Mutter, die von der Unschuld des Kindes überzeugt ist und ohne Bedingungen bereit ist zu vergeben.

Ein anderes Alter ist das kulturelle Alter. Hier kommen die kritische Kultur, der Zweifel, das Wissen der Religionskritik, Feuerbach, Marx, Nietzsche usw. zum Zuge: die Erfahrung des Nichtglaubens. In dieser Altersschicht findet Derrida einen Weg der Meditation darüber, wer betet und zu wem er betet. Diese Art denkenden Betens ist ein Weg, Fragen zu stellen. Das In-der-Schwebe-Halten der Gewissheiten, des Wissens, ist Teil des Gebetes. Jede Antwort auf diese Fragen, jede Erwartung, jede Sicherheit würden das Gebet sofort beenden und würde es zu einer Bestellung machen wie das Bestellen einer Pizza.

Gebet gibt also alle Erwartung und jegliche Sicherheit im Verhältnis zu dem oder der, denen ein Gebet adressiert wird, auf, wenn es ein Gebet ist. Jenseits aller Erwartung, jeglicher Sicherheit, jeder Berechnung und Ökonomie findet sich ein Gebet einer fast hoffnungslosen Situation ausgesetzt vor.

Aber in dieser Wüste der Hoffnungslosigkeit – selbst wenn kein Gott ist, der das Gebet empfängt oder ihm antwortet – bleibt die Erfahrung, dass sich durch den Akt des Betens – außerhalb der Liebe – etwas im Betenden selbst verändert: Er/sie wird für sich besser, versöhnter mit sich selbst und damit auch liebevoller für andere Menschen und für alles, was sie/ihn umgibt. Darin besteht ein Rest von Berechnung fort, in dem das Kindsein im alten Manne wiederkehrt (eine weitere Altersschicht) und der nun das Unberechenbare einschließt, ein Rest, der nicht ganz aufgegeben werden kann.

In ein und demselben Moment bilden diese befremdlich unterschiedlichen Erfahrungen eine Welt, „in der meine Gebete beten", manchmal zu einer konkreten Tageszeit, manchmal zu jeder Zeit, zum Beispiel jetzt.[38]

---

38 Vgl. https://www.youtube.com/watch?v=gyOWAcpIaB8 (20.01.2015).

Stille[39]

---

[39]

I. Versteckt

Credo

Das eigenartige französische Wort *désoeuvrement*[40] lässt sich auf zweierlei Art und Weise ins Deutsche übersetzen: Werklosigkeit und Entwerkung. Die erste Übersetzung legt das Gewicht stärker auf einen Zustand, die zweite auf eine Tätigkeit. Diese Tätigkeit meint eine werklose Tätigkeit. Das ist eine Tätigkeit, die kein Werk hat und auch auf kein Werk ausgerichtet ist; eine werklose Tätigkeit produziert nichts, stellt nichts her, sie hat kein Ziel und bewerkstelligt nichts. Eine werklose Tätigkeit verschenkt sich, gibt sich, ist umsonst.

Die werklose Tätigkeit par excellence nennen wir Glauben.

Credo – ich glaube – zu sagen, ist also Ausdruck einer werklosen Tätigkeit. Dazu steht das *Credo* klassischer Tradition in einer Spannung. Sie wird schlagartig deutlich, wenn man die Bezeichnung „Glaubensbekenntnis" verwendet, einen Werkbegriff. Credo – ich glaube – als Überschrift meint aber immer zugleich das Prinzip einer Entwerkung, und zwar einer Entwerkung des Bekenntnisses selbst. Was zunächst befremdlich klingt, zeigt sich bereits im liturgischen Vollzug von Mehrstimmigkeit und Wechselgesang; beide Praktiken lassen sich als Grundmodi einer Entwerkung verstehen.

Der Mehrstimmigkeit entsprechen Signaturen im Bekenntnistext selbst.[41] Sie zu öffnen, also ohne Werk zu lesen, heißt, sie vom Gestus der Macht zu befreien: Zuerst legt die

---

40 Vgl. MAURICE BLANCHOT, Die uneingestehbare Gemeinschaft, Berlin 2007, 24; vgl. GERD BERGFLETH, Blanchots Dekonstruktion der Gemeinschaft, 171 ff. und 183, Anm. 83.

41 Dies trifft auf beide altkirchlichen Bekenntnisse zu, das *apostolicum* und das *niceano-constantinopolitanum*, und kann auf Bekenntnistexte der Reformation, wie Luthers Glaubenslied, das sich in dieser Tradition sieht, ausgeweitet werden.

Mehrstimmigkeit eines Bekenntnisses seine doppelte Zeit-
bewegung offen, ein alter Text wird heute gesprochen, er
aktualisiert Ereignisse oder Erfahrungen, die noch älter sind
als er selbst, und öffnet sie auf einen Zeithorizont hin, der
als kommend, adventisch, gedacht werden muss. Ein Credo
kann also nicht bloßes Gedächtnis sein.

Zudem trägt der Text des Bekenntnisses Narben von
Machtentscheidungen und Herrschaftsgesten in sich, die
zur Formulierung des Bekenntnisses führten. Das heißt, er
verschweigt nicht nur Stimmen aus dem mehrstimmigen
Spiel des Glaubens, sondern schließt sie aus, was nicht selten
konkret hieß: vernichtet sie. Die Spur der Mehrstimmigkeit
unter den Narben solcher Herrschaftspraxis kehrt nun aber
in einem weiteren Grundmodus der Entwerkung wieder.

Dieser ist der Grundmodus des Wechselgesanges; er öffnet sich zwischen „ich glaube" und „hilf meinem Unglau-
ben" in der Person dessen, der *credo* sagt, und also immer
schon mehrstimmig ist. Ein Credo kann auch nicht bloße
Gewohnheit sein.

Wenngleich ein Credo Anteile von Gedächtnis und
Gewohnheit in sich birgt und mit ihnen arbeitet, so bietet
sich der Begriff der Wiederholung an, ein darüber hinaus-
gehendes Credo zu denken und zu beschreiben. Dieses Da-
rüberhinaus ist zugleich Impuls und Ziel der Entwerkung
des Credos als Ausdruck einer werklosen Tätigkeit.

Die Wiederholungsforscher Kierkegaard und Péguy fügen
nämlich der Wiederholung neben Gedächtnis und Gewohnheit noch einen weiteren Aspekt hinzu, nämlich den der
Zukunft.

Wiederholung als Kategorie der Zukunft übertrugen sie
dem Glauben. Glauben war für beide eine Art Sorge. Sie sollte die Erfahrung der Abwesenheit Gottes überwinden und
dessen zweifelnden Niederschlag im Ich ausgleichen.

Gilles Deleuze geht in seiner Rezeption von Kierkegaard und Péguy darüber hinaus, wenn er feststellt: „Aber der Glaube fordert uns dazu auf, Gott und das Ich *ein für allemal* in einer gemeinsamen Auferstehung wiederzufinden." Darin sieht Deleuze „ein Abenteuer des Glaubens, demgemäß man immer der Narr seines eigenen Glaubens, der Komödiant seines eigenen Ideals ist". Genau dies ist der Moment der Entwerkung, der im Glauben selbst sich findet. Deleuze führt fort:

> „Das rührt daher, dass der Glaube ein Cogito hat, das ihm eignet und ihn seinerseits bedingt, das Gefühl der Gnade als innerer Erleuchtung. Dieses ganz besondere Cogito ist es, in dem der Glaube sich reflektiert und erfährt, dass seine Bedingung ihm nur als ‚wieder-gegebene' gegeben werden kann und dass er nicht nur von dieser Bedingung abgetrennt, sondern in ihr entzweit ist. Der Glaubende sieht sich dann nicht nur als tragischer Sünder, weil der Bedingung beraubt, sondern als Komödiant oder Narr, als Trugbild seiner selbst, weil in der Bedingung entzweit und reflektiert. Zwei Gläubige betrachten einander nicht ohne zu lachen."[42]

Ein Lachen, *risus pascalis*, findet sich also im Glauben selbst als ständige Praxis seiner Entwerkung. So wird Glauben unablässig eine werklose Tätigkeit, „eine Tätigkeit, in der das Wie das Was vollkommen ersetzt hat, in der das formlose Leben und die unbelebte Form in einer Lebensform zusammenfallen"[43]. Glauben ist ein vergnügliches Geschenk, das klingt in vielen Stimmen. Oder es schweigt.

---

42 Deleuze (Anm. 12), 128 f.

43 Giorgio Agamben, Die kommende Gemeinschaft, Berlin 2003, 105.

II. Verschwunden

Eine andere Spur versteckter Homiletik verbindet sich mit dem Stichwort „Finkenwalder Homiletik". Sie hat sich im gemeinsamen Leben versteckt. Streng genommen hat es eine „Finkenwalder Homiletik" nie gegeben.

In den „Gesammelten Schriften" Dietrich Bonhoeffers hatte Eberhard Bethge die vorhandenen Notate, Mitschriften, Manuskripte von Dietrich Bonhoeffer und den in Finkenwalde Beteiligten unter der Überschrift „Finkenwalder Homiletik" zusammengestellt. Einer genaueren quellenmäßigen Differenzierung, wie sie die Ausgabe der „Dietrich Bonhoeffer Werke" vornahm, hielt diese Überschrift nicht stand. Die „Finkenwalder Homiletik" ist im wörtlichen Sinne verschwunden.

Ihr Verschwinden dürfte Bonhoeffers Scheu davor entsprechen, experimentelle Erfahrungen programmatisch vorherzubestimmen. Zumindest haben derartige Bedenken die Niederschrift von „Gemeinsames Leben" – dem anderen Dokument aus dieser Zeit – nachweislich markiert.[44]

Das Einzigartige dieser Homiletik besteht also darin, dass sie in einem gemeinsamen Leben verankert bzw. Teil eines gemeinsamen Lebens ist. Davon sind liturgische und spirituelle Praxis Aspekte. Hinzu kommt das praktische gemeinsame Leben und Arbeiten (Üben) an Predigt und ihrer Reflexion.

---

44 Vgl. EBERHARD BETHGE, Nachwort, in: Gemeinsames Leben (= DBW 5), München 1987, 107.

Die besondere Situation des gemeinsamen Lebens bestand in ihrem historischen Kontext. Es war Teil des widerständigen Handelns der Bekennenden Kirche zur Zeit des Nationalsozialismus. Daher rührt eine heute befremdlich anmutende kämpferische Eingeschworenheit in Haltung und Sprache, die sicher dadurch verstärkt wird, dass es sich um eine Gemeinschaft von Männern handelte. Der noch junge Bonhoeffer bleibt einem altväterlichen Ton verhaftet, den man in „Widerstand und Ergebung" nicht mehr findet.

Die experimentellen Möglichkeiten gemeinsamen Lebens als Basis homiletischer Theorie und Praxis erschließen sich heutigen Leserinnen und Lesern nur noch schwer. Im Folgenden soll ein Zugang eröffnet werden, indem Abschnitten aus Bonhoeffers Text Ausschnitte aus den Schriften der Kleinen Schwestern Jesu – einer Ordensgemeinschaft, die 1939, also zeitnah, gegründet wurde – unkommentiert gegenübergestellt werden.

„Es ist nichts Selbstverständliches für den Christen, dass er unter Christen leben darf. Jesus Christus lebte mitten unter seinen Feinden. Zuletzt verließen ihn alle Jünger. Am Kreuz war er ganz allein, umgeben von Übeltätern und Spöttern. Dazu war er gekommen, dass er den Feinden Gottes den Frieden brächte. So gehört auch der Christ nicht in die Abgeschiedenheit eines klösterlichen Lebens, sondern mitten unter die Feinde. Dort hat er seinen Auftrag, seine Arbeit."[45]

„Unser Leben ist uns von Jesus her neu geschenkt; er allein ist wirklich Bruder aller Menschen. Mit ihm wagen wir es, den Menschen Kleine Schwestern sein zu wollen.[46] Wie Jesus 30 Jahre lang in Nazareth gelebt hat, verborgen, unbeachtet,

---

45 Dietrich Bonhoeffer, DBW 5, München 1987, 15.

46 Vgl. hier und im Folgenden <www.kleineschwesternjesu.net/index.php/leben/C4/2> (14.8.2014).

mitten unter den Menschen, so sind unsere Gemeinschaften dort, wo die Ärmeren, die ‚kleinen Leute' sind.[47] Wir leben in kleinen Gemeinschaften, meist zu dritt oder viert, in einfachen Mietwohnungen.[48] Wir verdienen unseren Lebensunterhalt in der Produktion, in Dienstleistungsbetrieben und anderen Arbeitsmöglichkeiten. Wir teilen die Lebens- und Arbeitsbedingungen der einfachen Lohnarbeiter/innen.[49] Indem wir jedem Volk, jeder Kultur mit Achtung und Liebe begegnen, bezeugen wir, dass es möglich ist, in der Verschiedenheit eins zu sein.[50] Zentrum und Mitte unseres Miteinanders ist Christus. Nur durch ihn hat unsere Gemeinschaft Bestand."[51]

„Christliche Gemeinschaft heißt Gemeinschaft durch Jesus Christus und in Jesus Christus. Es gibt keine christliche Gemeinschaft, die mehr, und keine, die weniger wäre als dieses. Von der kurzen einmaligen Begegnung bis zur langjährigen täglichen Gemeinschaft ist christliche Gemeinschaft nur dieses. Wir gehören einander allein durch und in Jesus Christus."[52]

„Die Heilige Schrift ist uns Schatz und Quelle, aus der wir immer neu schöpfen. Regelmäßig halten wir gemeinsame Lesung und Schriftgespräch: die Worte und Handlungen Jesu sollen uns immer mehr prägen und unser Leben in eine Frohe Botschaft für die Menschen um uns verwandeln."[53]

„Gottes Wort soll gehört werden von jedem in seiner Weise und in dem Maße seines Verständnisses. Das Kind hört und lernt es in der Andacht die biblische Geschichte zum ersten

47 A. a. O., /C5.
48 A. a. O., /C6.
49 A. a. O., /C6/7.
50 A. a. O., /C7/11.
51 A. a. O., /C7.
52 Bonhoeffer (Anm. 45), 18.
53 <www.kleineschwesternjesu.net/index.php/leben/C4/3> (14.8.2014).

Mal, der mündige Christ lernt sie immer wieder und immer besser, und er wird nie auslernen beim eigenen Lesen und Hören."[54]

„Es ist die Stimme der Kirche, die im gemeinsamen Singen hörbar wird. Nicht ich singe, sondern die Kirche singt, aber ich darf als Glied der Kirche an ihrem Liede teilhaben. So muss alles rechte gemeinsame Singen dazu dienen, dass der geistliche Blick sich weitet, dass wir unsere kleine Gemeinschaft als Glied der großen Christenheit auf Erden erkennen, dass wir uns willig und freudig mit unserem schwachen oder guten Gesang einordnen in das Lied der Kirche."[55]

„Mitte unseres Lebens und Mittelpunkt jeden Tages ist das schweigende Gebet vor der Eucharistie. Wir schauen Jesus im Brot, der sein Leben brechen ließ für unsere zerbrochene Welt. Dieses schweigende ‚auf-ihn-schauen' lässt unsere Gottesfreundschaft wachsen und wird mehr und mehr zum Fürbittgebet für die Menschheit. Jesus lädt uns ein, selbst zu Brot zu werden, das sich an die Menschen austeilt."[56]

„Jeder Tag bringt dem Christen viele Stunden des Alleinseins mitten in einer unchristlichen Umwelt. Das ist die Zeit der Bewährung. Das ist die Probe auf eine rechte Meditationszeit und auf eine rechte christliche Gemeinschaft. Hat die Gemeinschaft dazu gedient, den einzelnen frei, stark und mündig zu machen, oder hat sie ihn unselbständig und abhängig gemacht?"[57]

„Immer wieder brechen wir aus dem Alltag auf an Orte der Einsamkeit und Stille. In diesem Rhythmus wächst die Liebe zu Gott, den wir im Schweigen suchen, und die Liebe zu den

---

54 Bonhoeffer (Anm. 45), 45.

55 A. a. O., 52 f.

56 <www.kleineschwesternjesu.net/index.php/leben/C4/3>.

57 Bonhoeffer (Anm. 45), 75.

Menschen, denen wir im Alltag begegnen, zu einer einzigen Liebe."[58]

Das Kontinuum theologischer Arbeit in Finkenwalde bildete Dietrich Bonhoeffers Vorlesung zum Neuen Testament, die er schließlich zu seinem Buch „Nachfolge"[59] zusammenstellte. Die Bergpredigt, insbesondere die Seligpreisungen, bildet den *cantus firmus* dieses theologischen Denkens.

Wie ein Extrakt solchen Denkens im gemeinsamen Leben lässt sich folgender Ursatz der Regel von Taizé – die ökumenische Communauté de Taizé wurde 1940 gegründet, ebenfalls zeitnah zu Bonhoeffers Erfahrungen – lesen: „Lass dich durchdringen vom Geist der Seligpreisungen: Freude, Einfachheit, Barmherzigkeit."[60]

In Finkenwalde entstand Homiletik aus dem gemeinsamen Leben junger Männer. Ihre Fortsetzung im realen Leben fand diese Homiletik in regelmäßigem Austausch von Briefen als Ermutigung eines von Vereinzelung bedrohten, ohnehin riskanten Engagements in der Bekennenden Kirche. Bei Dietrich Bonhoeffer selbst führte dies Engagement bis in den Widerstand.

Zeugnis davon geben nicht nur die gesammelten Schriften aus Finkenwalde und die direkt damit zusammenhängenden Rundbriefe. Ihre eigentliche Perspektive und theologisch-homiletische Sprengkraft entfalten diese Schriften in den Aufzeichnungen Dietrich Bonhoeffers aus der Haft.

---

58 <www.kleineschwesternjesu.net/indes.php/leben/C6/9>.

59 Dietrich Bonhoeffer, Nachfolge, DBW 4, München 1989, 97–192, insbes. 99–110; vgl. auch Frère François, Suivre le Christ et se faire disciple, Taizé 2014, 77–85.

60 La Règle de Taizé, in: Frère Roger, Les écrits fondateurs. Dieu nous veut heureux, Taizé 2011, 90–93.

In der kritischen und kommentierten Ausgabe dieser Aufzeichnungen mit dem Titel „Widerstand und Ergebung" wird nun – in direktem Anschluss an das Finkenwalder Experiment – deutlich, dass auch sie Teil eines Austausches, eines konkreten brieflichen Austausches sind.

Zum einen fand er zwischen zwei engen Freunden statt, deren Freundschaft[61] schon in Finkenwalde prägend wirkte, Dietrich Bonhoeffer und Eberhard Bethge. So schreibt Eberhard Bethge am 22. Februar 1944:

> „Unter den Kameraden bin ich der Jüngste an Soldatenmonaten (sonst natürlich nicht, aber die meisten sind gleichalt oder etwas älter) und habe, wie gesagt, zu tun, mich dagegen zu behaupten, nicht der Papierkorb von allen zu werden. Aber ich muss sagen, dass sich alle im Ganzen anständig benehmen mir gegenüber. Eine falsche Empfindlichkeit gegen Redewendungen und immer wiederkehrende pornographische Auslassungen ist ja unangebracht. Wenn es, durch meinen Beruf hervorgerufen, zu geistlichen Dingen geht, dann hebt bei der Ungefährdetheit hier und Selbstsicherheit des alten Soldaten sofort eine lange, sehr wortreiche Erklärung des eigenen Standpunktes rechtfertigender Art an. Eine große Rolle spielt das ‚jeder nach seiner Façon'. Neulich gestand mir einer, freilich nach einer Audienz beim Papst, er wandle sich jetzt vom negativen zum positiven Katholik. Mein Verheiratetsein spielt bei den Katholiken eine Rolle, man findet es gut und sieht im Zölibat bei sich selbst eine wesentliche Quelle der Bespöttelei. Das ganze spielt sich immer vor versammelter Mannschaft ab. Ich habe den Eindruck, da ist es nicht angebracht, die Selbstrechtfertigungen zu diskutieren und viel zu widersprechen. Aber es kann auch falsche Zurückhaltung darin liegen. Ich bin ja unter ihnen, was ich bin. Ein

---

61 Vgl. für den Zusammenhang von Freundschaft und Gemeinschaft: Frère John, Une multitude d'amis. Réimaginer l'Eglise chrétienne à l'heure de la mondialisation, Taizé 2011, 78–88.

Gottgläubiger[62] ist hier unter uns; er greift mich aber nie an, sondern er äußert nur mal gelegentlich: er ist ja auch Soldat, und jetzt ist er für mich nur Soldat. Ich widersprach ihm da freilich kurz. Alles, was gesprochen wird, steht natürlich ganz wesentlich unter dem mir gebotenen Verhalten unter Leuten, die in vielem ungebrochene [nationalsozialistische] Überzeugungen haben und mir Vorsicht angeraten sein lassen und Dinge auszuschließen, die uns wichtig sind."[63]

Und Dietrich Bonhoeffer schreibt am 30. April 1944:

„Was mich unablässig bewegt, ist die Frage, was das Christentum oder auch wer Christus heute für uns eigentlich ist. Die Zeit, in der man das den Menschen durch Worte – seien es theologische oder fromme Worte – sagen konnte, ist vorüber; ebenso die Zeit der Innerlichkeit und des Gewissens, eben die Zeit der Religion überhaupt. Wir gehen einer völlig religionslosen Zeit entgegen; die Menschen können einfach, so wie sie nun einmal sind, nicht mehr religiös sein. Auch diejenigen, die sich ehrlich als religiös bezeichnen, praktizieren das in keiner Weise; sie meinen also vermutlich mit ‚religiös' etwas ganz anderes. [...] Unserem ganzen bisherigen ‚Christentum' wird das Fundament entzogen, und es sind nur noch einige ‚letzte Ritter' oder ein paar intellektuell Unredliche, bei denen wir ‚religiös' landen können. Sollten das etwa die wenigen Auserwählten sein? Sollen wir uns eifernd, piquiert oder entrüstet ausgerechnet auf diese zweifelhafte Gruppen von Menschen stürzen, um unsere Ware bei ihnen abzusetzen? Sollten wir ein paar Unglückliche in ihrer schwachen Stunde überfallen und sie sozusagen religiös vergewaltigen? [...] Wie kann Christus der Herr auch der Religionslosen werden? Gibt es religionslose Christen? Wenn die Religion nur ein Gewand des Christentums ist – [...] – was ist dann ein religionsloses

---

62 Von nationalsozialistischer Seite bevorzugte Bezeichnung von aus der Kirche ausgetretenen Nationalsozialisten.

63 Dietrich Bonhoeffer, Widerstand und Ergebung, DBW 8, Gütersloh 1998, 338 f.

Christentum? [... W]as bedeutet eine Kirche, eine Gemeinde, eine Predigt, eine Liturgie, ein christliches Leben in einer religionslosen Welt? [...] Was bedeutet in der Religionslosigkeit der Kultus und das Gebet? Bekommt hier die Arkandisziplin, bzw. die Unterscheidung (die Du ja kennst) von Vorletztem und Letztem neue Wichtigkeit?"[64]

Diese hier nur skizzierten Intuitionen Bonhoeffers sind in der Haft im brieflichen Austausch mit Bethge entstanden. Sie entfalten eine Denkfigur, die in ihren homiletischen Möglichkeiten noch kaum wahrgenommen wurde. Sie angesichts aktueller Debatten um die Wiederkehr der Religion und internationaler religiöser Kriegssituationen für überholt zu halten, heißt, sie lediglich rückwärts zu lesen. Im Kontext von atheistischen Religionslosen könnte Bonhoeffers Unterscheidung zwischen nichtreligiöser Interpretation und Arkandisziplin auf dem Hintergrund einer mündigen Welt beispielhaft wirken. Dies könnte auch im Zusammenhang mit anders Religiösen gelten.

---

64 A.a.O., 402–406. Zum gesamten Briefwechsel zu diesen Fragestellungen vgl. folgende Abschnitte: 186–197, 332–335, 337–339, 401–408, 409–412, 440–442, 453–455, 461–464, 476–482, 495–498, 509–512, 526–542, 549, 585–589, 599–603.

Thesen

Die entscheidende Kategorie zur genaueren Bestimmung von Arkandisziplin und nichtreligiöser Interpretation und zu ihrer Unterscheidung ist das französische Wort *gratuité*. Es kommt vom lateinischen *gratia* und liest sich theologisch als Aktualisierung des reformatorischen *sola gratia*.

Das Bedeutungsfeld des nach *gratuité* gebildeten Wortes Gratuität umfasst Unentgeltlichkeit, Absichtslosigkeit, Uneigennützigkeit, Selbstlosigkeit, Zwecklosigkeit (ohne Zweck), mit dem Risiko der Erfolglosigkeit, also *gratis*.

> „Das was Christus kennzeichnet, ist das *sola gratia*. Er ist ‚umsonst' gekommen; ‚umsonst' im doppelten Sinne: ohne Erfolg (im menschlichen Sinne) und ohne etwas dafür zu erwarten, also unentgeltlich, *gratis*. Wir könnten auch anders, aber seinetwegen tun wir es so wie er, *gratis*."[65]

Vor diesem Hintergrund konkretisiert sich Arkandisziplin im Gottesdienst als Gratuität: Im Gottesdienst zeigt sich die Absichtslosigkeit des Evangeliums. Dies geschieht in seiner Regelmäßigkeit und in der Zweckfreiheit des Gebetes (keine ‚um zu', keine Projektion): Beten ist umsonst. Es geschieht in der Gemeinsamkeit des Gebetes, insofern im Gottesdienst Gemeinschaft antizipiert und realisiert wird in Gesang, Eucharistie und Predigt.

Arkandisziplin bildet einen Schutz der teuren Gnade vor Verweltlichung; zugleich schützt es die Welt vor direkten Absichten, insbesondere missionarischen. Alles, was den Gottesdienst betrifft, bedarf eines „arkanen Taktes" (Eber-

---

65 Andreas Stökl, Taizé, Geschichte und Leben der Brüder von Taizé, Hamburg 1975, 117; vgl. Nientiedt (Anm. 9), 40 ff.

hard Bethge). Ein solcher Gottesdienst ist einfache Präsenz. Man ist einfach da, *gratis.*

Andererseits konkretisiert sich die nichtreligiöse Interpretation im Leben in der Welt als einer Gratuität der Präsenz. Nichts als leben, gemeinsames Leben in der Welt ist die Darstellung der Gratuität als ein aktives Nicht-Tun. Hier findet sich ein dritter Weg zwischen Passivität und zerstörerischer Gewalt, eine „Gewalt der Friedfertigen", eine schöpferische Gewalt. Das bedeutet nicht Leben *für,* sondern eben *mit* den anderen, nicht predigen *für,* sondern *mit* den anderen. „In der gegenwärtigen Phase der Menschheitsgeschichte ist es von Bedeutung, Gratuität zu zeigen und niemals im Namen der Kirchenräson jemanden einzufangen oder festzuhalten."[66]

In der Unterscheidung von Arkandisziplin und nichtreligiöser Interpretation drückt sich ein großzügiger Respekt vor Nichtglaubenden oder Andersglaubenden aus.

* * *

Ein anderer Teil des brieflichen Austausches von Dietrich Bonhoeffer aus der Zeit der Haft eröffnet einen anderen homiletischen Horizont. Dabei geht es um den brieflichen Austausch eines Liebespaares: Maria von Wedemeyer und Dietrich Bonhoeffer.

So schreibt Maria von Wedemeyer am 8. Oktober 1943:

> „Wenn ich Dein bester Freund sein will, was gehen mich dann die anderen Freunde an. Sie können Dich alle nicht so lieb haben, wie ich Dich liebe. Und soll ich Dich darum lieben, weil andere Leute Dich gern mögen? Ich will meinen Weg zu Dir nicht über andere finden, auch nicht, wenn sie aus meiner engsten Familie sind und mir sehr nah stehen. Ich sage mein

---

66 Frère Roger, Warten auf das Ereignis Gottes. Aktualisierung der Regel von Taizé, Freiburg 1971, 76 f.

Ja zu Dir, weil ich Dich lieb habe. Nicht, weil ich nach langem Überlegen vielleicht mehr Gründe dafür als dagegen fand, oder weil Andere mir Deine Vorzüge geschildert haben, oder weil ich vielleicht irgendetwas an Dir bezaubernd finde. – Das ist das Schönste an Deinen Briefen, dass ich eine Verbindung spüren darf, dass ich immer wieder ganz sichtbar erfahre, dass sie da ist. Das bloße Glauben dieses ganz direkten Zueinanders, ohne alle Zwischen- und Nebenstellen ist manchmal so schwer."[67]

Dietrich Bonhoeffer schreibt am 21. November 1943:

„Wenn Du den Brief kriegst, ist wohl schon der Advent da, eine Zeit, die ich besonders liebe. Weißt Du, so eine Gefängniszelle, in der man wacht, hofft, dies und jenes – letztlich Nebensächliches – tut, und in der man ganz darauf angewiesen ist, dass die Tür der Befreiung *von außen* aufgetan wird, ist gar kein so schlechtes Bild für den Advent."[68]

Maria von Wedemeyer schreibt am 7. März 1944:

„Ich muss Dir mal etwas sehr Schlimmes schreiben, die Theologie ist für mich eine völlig unbegreifliche Wissenschaft. Da wo sie mir begegnet – wir beide haben uns ja glücklicherweise noch nie so theologisch unterhalten – hatte ich immer das Empfinden, als versuche sie das mit dem Verstand zu erklären, was eine reine und klare Glaubenssache ist. Und wenn man etwas, das man glaubt, erst noch mit dem Verstand begreifen muss, dann glaubt man es doch schon gar nicht mehr."[69]

Dietrich Bonhoeffer schreibt am 11. März 1944:

---

67 Dietrich Bonhoeffer/Maria von Wedemeyer, Brautbriefe Zelle 92, 1943–1945, München [6]2010, 65.

68 A. a. O., 83.

69 A. a. O., 149.

> „Gerade weil ich so genau weiß, dass wir im Fundamentalen
> schon eins sind, darum brauchen wir nicht immerfort von
> letzten Fragen zu sprechen, sondern können die Dinge des
> Lebens so wechselnd, wie sie nun einmal sind, an uns heran-
> kommen lassen und im Alltäglichen uns gegenseitig immer
> wieder finden. Die Stunden kommen noch, in denen wir von
> selbst auf das Fundamentale geführt werden. Aber nicht nur
> im Fundamentalen, sondern im Alltäglichen ist Gott."[70]

Und Maria von Wedemeyer am 26. April 1944:

> „Ich hab einen Kreidestrich um mein Bett gezogen etwa in der
> Größe Deiner Zelle: Ein Tisch und ein Stuhl steht da, so wie ich
> es mir vorstelle. Und wenn ich da sitze, glaube ich schon bei-
> nah, ich wäre bei Dir. Wäre es doch nur erst wirklich."[71]

Worin bestehen die experimentellen Möglichkeiten derartiger Korrespondenzen als Basis homiletischer Theorie und
Praxis?

Im Austausch theologischer Inhalte führen sie direkt in
die Sprecherfahrung des Liebesgespräches. Im Unterschied
zur Sprecherfahrung der Information besteht er in Folgen-
dem:

> „Glücklicherweise verfügen wir alle über die tägliche Erfah-
> rung mit Gesprächsformen [...]. Stellen Sie sich einen Lie-
> benden vor, der die Frage ‚Liebst du mich?' mit dem Satz be-
> antwortet: ‚Aber ja, du weißt es doch, ich habe es dir letztes
> Jahr schon gesagt.' (Man kann sich sogar vorstellen, dass er
> diesen denkwürdigen Satz aufgezeichnet hat und sich damit
> begnügt, jene Frage mit dem Druck auf die *Replay*-Taste sei-
> nes Aufnahmegeräts zu beantworten, um so den unbestreit-
> baren Beweis dafür zu liefern, dass er wahrhaft liebt ...) Wie

---

70 A. a. O., 153.

71 A. a. O., 174.

könnte er entschiedener bezeugen, dass er endgültig aufgehört hat zu lieben? Er hat das liebevolle Ersuchen als Informationsfrage aufgefasst, ganz als hätte er vor, mittels eines Dokuments, einer Karte, durch den Zeitraum hindurch einen Weg zum entlegenen Territorium jenes Tages zu zeichnen, an dem er offiziell seine Liebe erklärte.

Angesichts dieser Antwort verstünde jeder unparteiische Beobachter, dass der Liebhaber nichts verstanden hat. Denn die Freundin fragte ihn ja nicht, ob er sie geliebt *habe,* sondern ob er sie *jetzt* liebe. Dies ist ihr Ersuchen, ihre flehentliche Bitte, ihre Herausforderung.

Es ist durchaus möglich, dass der Liebende, sollte ihm der geforderte Sprechakt gelingen, einen Satz zur Antwort gibt, der wortwörtlich dem entspricht, den er tatsächlich ein Jahr zuvor äußerte. Vergliche man die beiden Aufzeichnungen, ließe sich formal kein Unterschied machen: Sein Informationsgehalt, wie die Informatiker sagen würden, wäre gleich Null. Umgekehrt mag es dem Liebenden gelingen, dieselbe Liebe nicht durch Wiederholung derselben Formel, sondern durch etwas ganz anderes auszudrücken, das mit dem Satz, auf den er sich beziehen soll, keinerlei Ähnlichkeit hat: durch eine Geste, eine Aufmerksamkeit, einen Blick, einen Scherz, ein Zittern in der Stimme. In beiden Fällen ist die Relation nicht mehr die einer Karte zu einem Territorium, zu dem sie über eine Kette von Transformationen führt, die eine konstante Größe enthalten. Entweder *dissoziiert* diese Relation Sätze, die sich wortwörtlich gleichen, aber infolge der Entwicklung, die von ihnen Besitz ergriffen hat, ganz Unterschiedliches besagen, oder sie macht divergierende Äußerungen durch Sprechformeln synonym, die einander keineswegs gleichen. Sobald man von Liebe spricht, gehen Buchstabe und Geist unterschiedliche Wege.

Und so hält sich die Liebende auch nicht an die Sätze selbst, weder an ihre Ähnlichkeit noch an ihre Unähnlichkeit, sondern an den *Ton,* an die Art und Weise, in der er, der Liebhaber, dieses alte, verbrauchte Thema aufgreift. Mit bewundernswerter Präzision, sekundengenau wird die Liebende durchschauen, ob das alte Lied den neuen Sinn eingefangen hat, den sie sich erhoffte, ob sie augenblicklich die Liebe ihres Liebhabers erneuert hat, oder ob die abgenutzten Worte den Überdruss an einer Beziehung durchscheinen lassen, die seit langem zu Ende ist.

Der Satz transportiert keinerlei Information, und doch fühlt sie, die Liebende, sich hingerissen, verwandelt, nahezu erschüttert, verändert, wiederhergestellt – oder im Gegenteil distanziert, geknickt, vergessen, abgelegt, gedemütigt. Folglich werden tagtäglich Sätze ausgesprochen, deren Hauptzweck nicht darin besteht, Referenzen nachzuzeichnen, sondern etwas ganz anderes hervorzubringen: *Nahes* oder *Fernes*, Nähe oder Distanz. Wer hätte diese Erfahrung noch nicht gemacht?"[72]

Eben genau in dieser Erfahrung verbirgt sich die grundlegende Erfahrung dessen, was man religiöse Rede oder Predigt nennt. Sie informiert nicht, sondern sie transformiert, sie verändert, sie wechselt die Perspektive und lässt in einem anderen Licht erscheinen.

Sollten gemeinsames Leben und der Austausch von Briefen als Modi einer sich im Austausch verschiebenden Homiletik (und Theologie) verschwunden sein?[73]

---

72 Bruno Latour, Jubilieren, Berlin 2011, 39–43.

73 Für eine genauere Untersuchung bzw. Ausarbeitung dieser These bietet sich neben dem Briefwechsel Wedemeyer – Bonhoeffer, um nur in dieser Zeit zu bleiben, der Briefwechsel zwischen Freya und Helmut James von Moltke an: Helmut James und Freya von Moltke, Abschiedsbriefe Gefängnis Tegel, München 2011.

III. Homiletische Hardware

Niemand predigt für sich allein. Im Guten wie im Schlechten predigen immer andere mit. Nicht nur andere, auch anderes. Der Homiletik ist die Reflexion ihrer eigentlichen Hardware abhanden gekommen. Homiletiker jeglicher Verkleidung wären sich darin wohl einig, dass die Hardware der Homiletik die Heilige Schrift oder die Bibel oder das Wort Gottes sei. Dazu kommt eine wie auch immer geartete Hermeneutik und so etwas wie die Lehre der Kirche oder das Bekenntnis. Man mag auch noch zugestehen, dass die Person des Predigenden mit ihren Stärken und Schwächen, ihrer Biographie, ihren Geschichten, ihrem Leben und ihren Absichten, womöglich vor allem den uneingestandenen, mitpredigt.

Bereits ein flüchtiger Blick in Forschungen der Wissenschaftssoziologie lässt das vernachlässigte homiletische Forschungsfeld schlagartig hervortreten: So wurde bei der Untersuchung eines wissenschaftlichen Labors, nur um einen einschlägigen Einstieg zu wählen, schon vom Grundriss einer Einrichtung aus auf zwei unterschiedliche Sektionen geschlossen.

„Das Lesen und Verfassen von Texten geschieht in der zentral gelegenen ‚Sektion A', in der sich neben Schreibtischen nur Bücher, Aufsätze sowie Nachschlagewerke zu Begriffen und Materialien befinden, während die Arbeit an den Instrumenten, Geräten und Maschinen in den flankierenden Räumen der ‚Sektion B' abläuft. Die Frage, die am Anfang der gesamten Untersuchung steht, lautet dementsprechend: ‚Was ist die Beziehung zwischen Sektion A (‚mein Büro', ‚das Büro', ‚der

Bibliothek') und Sektion B (,dem [Labor-]Tisch')?' Etwas anders gefasst: Wie ist die ,Serie der Transformationen' beschaffen, durch die die Ereignisse, die in der Interaktion zwischen Organismen und Maschinen in der ,Sektion B' vorfallen, über Einschreibevorrichtungen und andere Lese- und Schreibverfahren schließlich Eingang in die Papierstapel der ,Sektion A' finden, um sich von dort aus als literarische Endprodukte der Laborarbeit ihren Weg in wissenschaftliche Zeitschriften, Lehrbücher und Aufsatzsammlungen zu bahnen?"[74]

Dieses Beispiel macht ausreichend verständlich, dass man nicht nur in „Sektion A" predigt, sondern dass diese zwangsläufig in sich wechselseitig beeinflussenden Interaktionen mit einer „Sektion B" steht, also mit den organisatorischen, instrumentellen, administrativen, juristischen, finanziellen, politischen Bedingungen und Gegebenheiten einer Predigt.

Zu den in ihrer Wirkmächtigkeit auf Predigerinnen und Prediger kaum zu unterschätzenden Gegebenheiten gehört die juristische Verfassung der Kirche. Das Pfarrerdienstgesetz müsste eigentlich als *ius homileticum* (inklusive dem voraus- oder nacheilenden Loyalitäts- und Pensionsdruck, der seine Wirkungshoheit bestimmt) reflektiert werden.

Die ökonomische Verfassung der Kirche und ihr Verhältnis zu den Reichen dieser Welt tritt aktuell kraftvoll homiletisch in Erscheinung. Organisationsform, Verwaltungs- und Kommunikationsstil haben direkte homiletische Wirkkraft.

Diese „Sektion B" ist homiletisch gänzlich unterbestimmt, wenngleich im Zweifel lauter vernehmbar, auch ungleich emotionaler wirksam als jede Rede von der Kanzel.

Schon eine Veränderung des Einzugsverfahrens der Kirchensteuer ist homiletisch wirkungsvoller als jede Predigt. Nicht zu vernachlässigen ist die Wirkungsmacht der Ge-

---

74 Schmidgen (Anm. 13), 68.

schichte der Kirche im Gedächtnis der Menschen und ihr wie auch immer irrationaler Niederschlag in ihren Meinungen und Befürchtungen der Kirche gegenüber.

In „Sektion B" findet sich die unterschlagene *Hardware* der Homiletik. Es predigt eben niemand für sich allein.

IV. Familiale Verwechselungen

Eine junge Frau und ein junger Mann, beide Anfang zwanzig, begegnen einander in einem Zug und unterbrechen ihre Reise für ein paar Stunden, bevor jeder am nächsten Morgen in seine Richtung weiterfährt. Auf diese Weise schaffen sie sich gemeinsame Zeit und Leben, losgelöst von allen anderen Zusammenhängen. Was tun sie? Das, was man meistens tut, wenn man mit jemandem zusammen ist: reden.

Nachts im Park kommt das Gespräch darauf, dass es Situationen gibt, die man zwar gemeinsam mit anderen Menschen erlebt, bei denen man aber das Gefühlt hat, mit den falschen Menschen zusammen zu sein; die Intensität der eigenen Erfahrung hat mit dem Verhältnis zu den anderen nichts zu tun. Man wünscht sich von ihnen weg. Aber es gibt noch einen weiteren Aspekt dieser Reflexion:

> „Gewöhnlich bin ich es selbst, von dem ich weg sein möchte. [...] Ich bin nie irgendwo gewesen, wo ich nicht gewesen bin. Ich habe mich nie geküsst, wenn ich nicht einer der Küssenden war. Ich war nie im Kino, wenn ich nicht einer der Zuschauer gewesen bin. Ich war nie beim Bowling, wenn ich nicht dabei war und irgendeinen dummen Witz gemacht hätte. Ich denke, deshalb hassen Menschen sich selbst: Sie sind zu Tode daran erkrankt, dass sie sich ständig selbst um sich herum haben. *They are sick to death of being around themselves.*"[75]

Feine Unterschiede kennzeichnen das Verhältnis zwischen Menschen, zwischen den einen und den anderen, zwischen

---

75 Richard Linklater, Before Sunrise (1995).

einer/m und einem/r anderen. Es gibt verschiedene Arten, sie zu ordnen und zu organisieren. Wie das geschieht, gestaltet man nur bedingt, bemerkt es nicht einmal (zumindest nicht sofort), man findet sich vor: geboren von Eltern, in einer Familie; zugehörig zu einer Ethnie, einem Stamm oder Clan; einem Land, einer Sprachgruppe, einem Glauben. Veränderungen in diesem Bereich vollziehen sich sehr langsam – oder brutal.

Untrennbar von jedem Menschen ist die Vorgefundenheit seines/ihres Körpers. Dazu gehört sein/ihr Geschlecht. Im Sinne des *They are sick to death of being around themselves* ist dieser zwischenmenschliche Bereich der eines Zwischen-sich-selbst, jedenfalls von dem Moment an, an dem man ihn als problematisch wahrnimmt. Das geschieht auch immer dann, wenn man sich mit sich selbst der Öffentlichkeit aussetzt, wie in der Situation der öffentlichen Rede. Der Körper redet – und predigt folglich auch – immer mit.

Homiletisch tut sich hier eine „Sektion C" wie *corpus* auf. Nicht von ungefähr erhitzt seit einigen Jahren kaum etwas so sehr die Gemüter der Menschen in und außerhalb der Kirchen wie die körperliche und damit auch die sexuelle Praxis der Kirchenoberen selbst und die Folgen ihrer Regelungen das Kirchenvolk betreffend. Es ist, als ob die über Jahrtausende vom Christentum zumindest gemaßregelten, fast immer verklemmten, oft eingesperrten, nicht selten geschundenen Körper sich zu Wort meldeten und eine homiletische Praxis außerhalb der Kanzeln und Kirchen einfach ausübten. Und es klafft ein Abgrund zwischen der sakramentalen Intimität eines *hoc est corpus meum* und einer außersakramentalen Praxis der Körper.

Körper sind zu Herrschaftsobjekten degradiert, so dass der Umgang mit ihnen, der jesuanisch christliche Impuls eines neuen Gebrauches der Körper fast verschüttet ist. Der

Gebrauch der Körper als Herrschaftsobjekt ist rückwärts gedacht. Sein zentraler Begriff ist das Opfer. Er hat seine Zuspitzung Karfreitag am Kreuz.

Aber Jesus hatte schon vor Karfreitag einen neuen Gebrauch der Körper initiiert, selbst praktiziert und damit die alte Praxis auf eine Weise durchkreuzt, die seine Umwelt rasend machte; seine Perspektive ist vorwärts gerichtet, auf die Auferstehung. Das unbedingte Vergebungshandeln Jesu, zu dem im Zusammenhang der Körper auch das Heilen zählt, ist heute gänzlich in die Beleuchtung des Kreuzes geraten. Bei Paulus lässt sich der Umschwung beobachten. Er denkt radikal von der Auferstehung her, allerdings im Vorwärts-Sog des nahen Endes, was jegliche Praxis einer rasanten (und bei Paulus einer radikalen) Vorläufigkeit unterwarf.

Nichts sollte davon ablenken, auf das unmittelbar bevorstehende Ende ausgerichtet zu sein. Alles spitzte sich zu unter dem Druck der „apostolischen Eile" (Peter Sloterdijk). Somit trat jegliche Praxis, auch die der neuen Schöpfung und der neue Gebrauch der Körper, in den Hintergrund der Eile.

Mit der allmählich immer länger werdenden Dauer des Ausbleibens des Endes blieben die Zuspitzungen; sie kippten unter dem Eindruck apokalyptischer Furcht und der realen Tode der ersten Christen über den Umweg von Erfahrungen der Verfolgungen und der Märtyrertode ins Alte zurück. Der Gebrauch der Körper wurde auf das Kreuz und dessen Imitation fixiert und damit nach rückwärts. Aber das Kreuz war doch gerade nicht das Ende![76]

---

76 Zu den Themen Opfer und Christentum und deren Niederschlag in Liturgie und Amt siehe die einschlägigen Arbeiten von René Girard, in: Ders., Im Augenblick der Apokalypse. Clausewitz zu Ende denken, Berlin 2014, 18–21, 191 ff. u. a.; ders., Gewalt und Religionen. Ursache oder Wirkung, Berlin 2010, 53 ff., 63 ff., 71–83; Guy G. Stroumsa, Das Ende des Opferkults.

In seinem Buch „Nacktheiten" verfolgt der italienische Philosoph Giorgio Agamben die Spuren eines neuen Gebrauches der Körper. Als Paradigma dienen ihm Theologen verschiedener Generationen, die sich fragten, wie denn ausgehend von den evangelischen Schilderungen des auferstandenen Jesus der „verherrlichte Körper"[77] wohl vorzustellen sei.

In verschiedenen Varianten wurden der irdische Körper und der verherrlichte Körper als identisch gedacht. Die Unterschiede zwischen beiden wurden mit vier Merkmalen der Herrlichkeit markiert: „Leidensunfähigkeit (*impassibilitas*), Behändigkeit (*agilitas*), Feinheit (*sublimitas*) und Glanz (*claritas*)"[78].

Leidensunfähigkeit ist hier nicht im Sinne von Wahrnehmungsunfähigkeit gemeint – das ist unverzichtbar für einen vollkommenen Körper –, sondern dass diese Körper durch Leidenschaften aller Art nicht anzufechten sind. „Behände ist, was sich mühelos und ungehindert nach Belieben bewegt." Feinheit ermöglicht das Unterscheidungsvermögen der verherrlichten Körper, greifbar zu sein oder nicht. Glanz bedeutet zweierlei: das „auf seine Dichte zurückzuführende Schimmern des Goldes" oder das „der Transparenz geschuldete Funkeln des Kristalls"[79].

Die religiösen Mutationen der Spätantike, Berlin 2011, insbes. 86–119, und Giorgio Agamben, Opus Die. Archäologie des Amts, Frankfurt a. M. 2013, insbes. Kapitel II und III. Zur Figur des Märtyrers und ihrer Wandlungen vgl. Sigrid Weigel (Hg.), Märtyrer-Porträts. Von Opfertod, Blutzeugen und heiligen Kriegern, München 2007.

77 Giorgio Agamben, Der verherrlichte Körper, in: Ders., Nacktheiten, Frankfurt a.M. 2010, 151–171.

78 A.a.O., 156.

79 A.a.O., 158 f.

Diese „Ornamente des verherrlichten Körpers" zu beschreiben stellt keine besondere Schwierigkeit dar.

> „Es geht darum, sicherzustellen, dass die Seligen einen Körper haben und dass dieser Körper derselbe ist, wie der, den sie auf Erden hatten, wenn auch unvergleichlich viel besser. Erheblich schwieriger und entscheidender ist die Frage, wie dieser Körper seine vitalen Funktionen ausübt, das heißt, ob man eine Physiologie des verherrlichten Körpers formulieren kann. Denn der Körper steht unversehrt wieder auf, mit allen Organen, die er während seines irdischen Daseins hatte."[80]

Wie ist es also mit der Verdauung nach der Auferstehung, wie mit dem Wachstum, wie mit der Zeugung? Diese Fragen lösen bizarre Vorstellungen aus und wurden auch entsprechend behandelt. Aber es erscheint als „unmöglich, dass die entsprechenden Organe völlig nutzlos und leer sind, denn in der vollkommenen Natur gibt es nichts Nutzloses". Von hier aus gedacht, erhalten die Überlegungen eine neue Richtung.

> „Es geht darum, das Organ von seiner speziellen physiologischen Funktion zu trennen. Der Zweck der Organe, wie der jedes Werkzeugs, ist der ihrer Wirksamkeit; doch das bedeutet nicht, dass, wenn die Wirksamkeit schwindet, das Werkzeug nichtig wird. Das Organ oder das Werkzeug, das von seiner Wirksamkeit getrennt und sozusagen aufgehoben ist, erwirbt ebendeshalb eine ostensive Funktion, stellt die der aufgehobenen Wirksamkeit entsprechende Kraft zur Schau."[81]

Dieser ausgestellte Leerlauf *ad maiorem Dei gloriam* ermöglicht einen neuen Gebrauch.

---

80 A. a. O., 160.
81 A. a. O., 163.

> „Einen Körper zu gebrauchen und sich seiner als eines Werkzeugs zu bedienen ist nämlich nicht dasselbe." Dabei handelt es sich jedoch nicht um eine nichtssagende Zweckfreiheit, sondern es geht darum, „eine zielgerichtete Tätigkeit außer Kraft zu setzen, um sie auf einen neuen Gebrauch einzurichten, der den alten nicht abschafft, sondern auf ihm beharrt und ihn zur Schau stellt". Wie bei einem Tänzer, „der die Ökonomie der Körperbewegung desorganisiert und zerstört, um sie intakt und zugleich transfiguriert in seiner Choreographie wiederzufinden."[82]

So ungewohnt es erscheint, den Körper nicht von und nach rückwarts, auf das Opfer, zu denken, sondern von vorn, von der Auferstehung her (bzw. nach vorn auf die Auferstehung hin), so sehr eröffnet er Möglichkeiten zur Erfindung eines neuen Gebrauchs, der nicht nur homiletisch praktische Konsequenzen hat. So würden ganz real homiletisch mindestens weniger eingesperrte Körper vom Heil sprechen und sich zugleich performativ selbst widersprechen. Denn der

> „Körper des Menschen wird hier nicht in eine höhere, edlere Realität versetzt: Es ist vielmehr so, als ob er, befreit vom Zauber, der ihn von sich selbst trennte, nun erstmals zu seiner Wahrheit vorstoßen würde. So wird der Mund – wenn er sich zum Kuss öffnet – wahrhaft Mund, die intimsten und geheimsten Teile zum Ort eines geteilten Gebrauchs und Genusses, die alltäglichen Gesten zur unlesbaren Schrift, deren verborgene Bedeutung der Tänzer für alle entziffert."[83]

Ein anderes Problemfeld schließt unmittelbar an den Gebrauch des Körpers an. Ein Körper tritt zu einem anderen hinzu, und es öffnet sich die Perspektive der Reproduktion.

---

82 A. a. O., 170.

83 A. a. O., 171.

Ist die Funktion dieser Kombination, die Fortpflanzung, aufgehoben, was ist dann?

Man kann die neutestamentlichen Stammbäume Jesu lesen und stellt fest, dass sie programmatisch durchkreuzt sind. „Seid fruchtbar und mehret euch" (Gen 1,28) war der Auftrag des Alten Bundes. Jesu Praxis, so verschwiegen sie aus den Schriften des Neuen Testamentes hervorgehen mag, durchkreuzt diesen Auftrag und zugleich jeden rigiden Moralismus. Man muss Jesus nicht einen Bastard[84] nennen, um den Bruch klar und skandalös deutlich zu markieren. Wie von der jesuanischen Praxis ausgehend ein neuer Gebrauch der Körper beschrieben werden kann, ist offen und weitgehend unbearbeitet.

Sicher ist, dass die aus dem reproduktiven Gebrauch der Körper sich bildenden Familien eine Stilisierung der Heiligen Familie nachahmen, die ihrerseits über mehrere paradigmatische Verschiebungen vor allem Herrschaft und Kontrolle über die Praxis der Vermehrung der Art sichern sollen.[85] – Eine allein rückwärts gedachte Strategie.

Wie anders eine christliche Praxis und damit ihre homiletische Entfaltung gestaltet werden könnte, wird schon deutlich, wenn man sich erinnert, dass die Taufe – als sakramentale Praxis der Auferstehung – ein körperlicher Vollzug ist. Er gleicht dem des Tänzers/der Tänzerin einer Choreographie: Die Taufe war in der Praxis der christlichen Gemeinschaften der ersten zwei Jahrhunderte ein Vollzug des Körpers, sogar des nackten Körpers. Sie war die

---

84 So Peter Sloterdijk, Die schrecklichen Kinder der Neuzeit, Berlin 2014, 278–311 u. ö.

85 Vgl. Albrecht Koschorke, Die Heilige Familie und ihre Folgen, Frankfurt a. M. 2011.

„einzige Gelegenheit, bei der man ohne Scham nackt sein konnte. Die in der Regel nicht an Neugeborenen (die Kindertaufe wurde erst obligatorisch, als sich die Erbsündenlehre in der Kirche durchgesetzt hatte), sondern an Erwachsenen vollzogene Taufe beinhaltete das Untertauchen des Katechumenen im Taufbecken vor den Augen der versammelten Gemeindemitglieder."[86]

Die Erinnerung der Nacktheit an die paradiesische Nacktheit ohne Scham, die dann überkleidet wird mit dem weißen Leinenkleid der Auferstehung, markiert auf anachronistische, also die Zeiten durcheinanderwirbelnde[87] Art und Weise den Übergang zu einem neuen Gebrauch des Körpers vor den Augen der anderen, die zuschauen und auf diese Weise teilnehmen.

Mit den Zuschauerinnen und Zuschauern öffnet sich ein weiteres Problemfeld im Zusammenhang des Gebrauches der Körper: die Gemeinschaft. Wenn paulinisch auf den Tod Christi getauft (Röm 6,4) und somit ein neuer Gebrauch von Körpern eingesetzt wird, ist folglich die Gemeinschaft (der Körper) eine neue. Sie ist paulinisch auf den Tod ausgerichtet.

„Auf den Tod ausgerichtet, ist die Gemeinschaft jedoch nicht auf ihn ausgerichtet als auf ihr Werk. Sie *bewerkstelligt* nicht die Verklärung ihrer Toten in einer beliebigen Substanz oder einem beliebigen Subjekt – sei es nun Vaterland, Heimaterde, Nation oder mystischer Leib. [...] Wenn die Gemeinschaft durch den Tod des Anderen offenbart wird, so deshalb, weil der Tod selbst die wahre Gemeinschaft der sterblichen Wesen ist: ihre unmögliche Kommunion, [...] die Unmöglichkeit eines gemeinschaftlichen Seins als Subjekt. [...]

---

86 Agamben (Anm. 77), 121.

87 Georges Didi-Huberman, Le temps de voir, par Robert Maggiori, Paris 2000, 8.12; vgl. auch ders., Devant le temps, Paris 2000, 102 f.

Daraus ergeben sich zwei Wesensmerkmale: 1) Die Gemeinschaft ist keine beschränkte Form der Gesellschaft, ebenso wenig wie sie nach der kommuniellen Verschmelzung strebt. 2) Im Unterschied zu einer sozialen Zelle untersagt sie sich, ein Werk zu schaffen, und sie hat keinerlei Produktionswert zum Ziel.

Wozu dient sie? Zu nichts, wenn nicht dazu, den Dienst am Anderen bis zu seinem Tod hin gegenwärtig zu halten, damit der Andere nicht einsam zugrunde geht, sondern sich dabei vertreten findet, wie er gleichzeitig einem Anderen diese Stellvertretung gewährt, die ihm zuteil geworden ist."[88]

Der neue Gebrauch der Körper in ihrem Aspekt von Gemeinschaft fällt mit ihrer Entwerkung zusammen. Als werklose Gemeinschaft ist sie im Sprachgebrauch von Giorgio Agamben eine „kommende Gemeinschaft"[89].

Drei Schlüsse:

a)   Den Begriff des neuen Gebrauches entwickelt Giorgio Agamben in unterschiedlichen Zusammenhängen, in denen er den Begriff jeweils verschieden akzentuiert, mit anderen Begriffen überschneidet und weiterentwickelt. Der hier noch nicht ins Spiel gebrachte Bereich ist der des Eigentums. Agamben stößt bei seiner Untersuchung des scheinbar abgelegenen Genres der Ordensregeln auf das in ihnen ausgedrückte Verhältnis zwischen Armut und Eigentum.[90]

„An den Franziskanern interessierte mich nicht so sehr die Armut als vielmehr die Art und Weise, in der sie den Gebrauch

---

88 Maurice Blanchot, Die uneingestehbare Gemeinschaft, Berlin 2007, 24 f.
89 Vgl. Agamben (Anm. 43).
90 Ders., Höchste Armut. Ordensregeln und Lebensform, Frankfurt a. M. 2012.

wichtiger nehmen als das Eigentum. Der Begriff des Gebrauchs steht auch im Zentrum meines letzten Buches *L'uso dei corpi* (‚Der Gebrauch der Körper'). Eine Lebensform zu erfinden, die nicht auf der Tat und dem Eigentum begründet ist, sondern auf dem Gebrauch – noch so eine Aufgabe, der sich eine kommende Politik verschreiben müsste."

Neben dem Begriff des Gebrauches steht ein zweiter Begriff im Zentrum dieses Buches:

„[…] das *désoeuvrement* beziehungsweise die Geschäftslosigkeit. In meinem Buch spreche ich von *inoperosità*. Sie bezeichnet weder Nichtstun noch Muße, sondern eine besondere Form der Tätigkeit, die darin besteht, die Werke der Ökonomie, des Rechts, der Biologie und so weiter zu deaktivieren und außer Kraft zu setzen, um sie einem neuen Gebrauch zu öffnen. Aristoteles hat einmal die höchst bedeutsame Frage gestellt: Gibt es ein Werk oder eine Tätigkeit, die den Menschen nicht als Schuster, Architekt, Bildhauer und so weiter bestimmt, sondern als solchen? Oder ist der Mensch an sich werklos, ohne eine für ihn bestimmte Tätigkeit? Ich habe diese Frage immer sehr ernst genommen. Der Mensch ist das Lebewesen ohne eigenes Werk, da ihm keine besondere Berufung zugeschrieben werden kann. Folglich ist er ein Wesen der Möglichkeit, der bloßen Potenz. Genuin menschlich ist einzig die Tätigkeit, die die Werke durch ihre Außerkraftsetzung wieder der Möglichkeit und einem neuen Gebrauch öffnet. […]

Es geht nicht einfach darum, unsere Lebensweise zu ändern. Alle Lebewesen gehorchen einer Lebensweise, aber nicht alle Lebensweisen sind oder sind immer Lebensformen. Wenn ich von Lebensform spreche, meine ich kein anderes Leben, kein besseres oder wahreres Leben als das, welches wir führen: die Lebensform ist die allem Leben innewohnende Geschäftslosigkeit, ein jedes Leben durchziehende Spannung, die die soziale Identität und die rechtlichen, wirtschaftlichen und sogar körperlichen Gegebenheiten außer Kraft setzt, um einen anderen Gebrauch von ihnen zu machen. Es ist also dasselbe wie mit der Berufung: Vielleicht ist es gut, eine Berufung zu haben, Schriftsteller, Architekt oder was auch immer werden zu wollen. Doch die wahre Berufung ist die Widerrufung jeder Berufung, sie ist eine Kraft, die im Innern der Berufung wirkt, sie infrage stellt und zu einer wahren Berufung werden lässt. Im ersten Brief an die Korinther bringt Paulus diesen inneren Drang auf die Formel des ‚Als-ob-nicht': ‚Wer eine Frau hat, verhalte sich so, als ob er keine habe, wer weint, als ob er nicht weine, wer sich freut, als freue er sich nicht …' Im Zeichen des ‚Als-ob-nicht' zu leben heißt, alle rechtlichen und sozialen Eigenschaften abzulegen, ohne dass dieses Ablegen eine neue Identität begründete. In diesem Sinne ist die Form des Lebens das, was alle gesellschaftlichen Bedingungen, unter denen man lebt, ablegt – indem sie die Bedingungen nicht leugnet, sondern von ihnen Gebrauch macht. Paulus schreibt: Wenn du dich im Moment der Berufung im Sklavenstand befindest, soll dich das nicht bedrücken. Auch wenn du frei werden kannst, mach lieber von deiner Knechtschaft Gebrauch. Das gilt, glaube ich, auch für das Leben, das auf der Suche nach seiner Form ist, einer Form, von der es nicht mehr getrennt werden kann."[91]

b)   Zu Ostern des Jahres 2015 berichtet der Philosoph und Biologe Cord Riechelmann von einer besonderen Begegnung.

Er ging etwas abseits der ausgetretenen Pfade, an einem verkommenen Ufer, als er von einem großen, schlanken, dunkelhäutigen Mann hinter einen hellen Vorhang gerufen wurde. Dieser geleitete ihn ohne Umweg über den Vater direkt zum Sohn.

Jesus empfing ihn gut gelaunt und er brachte sein Anliegen direkt vor.

„Ich wollte einfach wissen, wieweit dieser Satz des Jesus von den Lilien denn reiche, in dem es heißt: ‚Schauet die Lilien auf

---

91 Ders., Europa muss kollabieren, Die Zeit N° 35, 27.08.2015, 40.

dem Felde, wie sie wachsen: sie arbeiten nicht, auch spinnen sie nicht.'

Ja, erklärte Jesus darauf ganz ernst und ohne jede Ironie oder Erhebung, das sei tatsächlich eine entscheidende Stelle seiner Predigten über das Genießen der Pflanzen. Die Pflanze sei in ihrem Wachstum das reine Genießen, in jedem Stadium ihres Wachsens identisch mit ihrer Form, aus der sie nie fliehen könne, in der sie immer, wenn man so wolle, gefangen bleibe.

Eine sich dem Sinn entziehende Befriedung, die seine Jünger nur wider Vater und Mutter in der Liebe zu ihm, Jesus, erreichen könnten."[92]

c)   Als die junge Frau und der junge Mann während ihrer ‚gestohlenen‘ Zeit bei anbrechender Nacht sich einen Moment setzen, teilt die junge Frau beiläufig eine blitzartige homiletische Erkenntnis mit:

> *„you know, if there is any kind of God, it would not be in any of us, not you or me, but just this little space inbetween. If there is any kind of magic in this world, it must be in the attempt of understanding someone, sharing something*: weißt du, ich glaube, wenn es eine Art Gott gibt, würde er in keinem von uns sein, weder in dir noch in mir, sondern gerade in dem kleinen Zwischenraum. Wenn es irgendeine Art von Magie in dieser Welt gibt, dann in dem Versuch, etwas von einem anderen zu verstehen, etwas zu teilen …"[93]

---

92 Cord Riechelmann, Im Himmel. Jesus, Frankfurter Allgemeine Sonntagszeitung, 05.04.2015, Nr. 14, Feuilleton, 39.

93 Linklater (Anm. 75).

Jede Form von Ekstase ersetzt die Sexualität, die keinen Sinn hätte ohne die Mittelmäßigkeit der Geschöpfe. Da aber diese über kein anderes Mittel verfügen, um sich selbst zu übersteigen, kann ihnen die Sexualität sie vorläufig retten. Der bewusste Akt geht über seine elementare Bedeutung weit hinaus – er stellt einen Sieg über das Animalische dar, denn die Sexualität ist auf physiologischer Ebene das einzige Tor, das sich dem Himmel öffnet.

(Cioran)

V. Binäre Gefangenschaft

Die universitäre und kirchliche Homiletik befindet sich
selbstverschuldet in der Gefangenschaft einer binären Logik.
Die Schärfe des selbstauferlegten Vollzugs mag unterschied-
lich sein.

Als ob es keine anderen Kirchenlehrer gäbe, wird ein Gegensatz zwischen Karl Barth und Friedrich Schleiermacher
(via Ernst Troeltsch) zementiert. Dies geschieht jenseits der
historischen Bedingt- und Begrenztheit dieser Gegensätze einerseits und der jeweiligen Komplexität der Autoren
andererseits.[94]

Sinnvoll darstellen lässt sich dieser zur homiletischen
Grundentscheidung übersteigerte Gegensatz nur parodis-
tisch. Ein Versteckspiel in Kostüm und Maske:

Die einen ‚verschleiern‘ die Abgründe der menschlichen
(und somit auch der religiösen) Erfahrung. Übrig bleibt religiös zu deutende Kultur; diese ignoriert allerdings bereits in
ihrer Begriffsbildung ängstlich Phänomene wie Subkultur,
Popkultur etc. (oder beurteilt sie mit herablassender Geste)

---

94 Vermutlich wird mit diesem notorischen Gegensatz einer weitreichenden
anderen Frage beharrlich ausgewichen: der Frage nach den Auseinandersetzungen, der „geistigen Situation" zu Beginn des 20. Jahrhunderts: „um
die Voraussetzungen des ersten Weltkrieges, um die Zwischenkriegszeit,
um die Situation von 1933" und ihre Folgen vgl. Henning Ritter, Verehrte
Denker, Springe 2012, 53 ff., vgl. auch Jacob Taubes, Die politische Theologie
des Paulus, München ³2003, 87 ff.; 140 f.; Kurt Flasch, Die geistige Mobilmachung. Die deutschen Intellektuellen und der Erste Weltkrieg, Berlin
2000, 36 ff., 55 ff. und 147 ff.

und bleibt bei einer schlichten bürgerlichen Kultur hängen. Zudem verweigert sie sich bockig den Erkenntnissen einer inzwischen weit ausdifferenzierten Kulturwissenschaft. Bei Lichte gesehen regiert hier das Geschmäckle.

Die anderen kämpfen ‚vollbärtig' um Positionen in vermeintlichen Offenbarungsterritorien. Eine in einer konkreten historischen Situation beispielhafte christologische Engführung wird trotzig auf Dauer gestellt und bietet den Vorwand für biedere theologische Richtigkeiten vielerlei Couleur. Dabei übersieht diese vermeintliche homiletische Entscheidung verlässlich die Fülle reformatorischer Überlieferung (von ökumenischer ganz zu schweigen). Bei Lichte gesehen regiert hier die Rechthaberei.

Eine Ausweitung der parodistischen Zone in interreligiöse Kampfhandlungen der realen heutigen Welt weist auf den fundamentalistischen Abgrund binärer Gefangenschaften, auch dann, wenn sie abwegig erscheinen, wie ihre Verkleidungen im Übrigen auch.

Binäre Gefangenschaften erstaunen in ihrer Dauerhaftigkeit umso mehr, als Fluchtwege meist offen daliegen. Es gibt keinen Grund zu verweilen. Im Folgenden wird ein Fluchtweg skizziert. Er markiert tatsächlich eine Art Fluchtlinie mit mehreren Richtungswechseln und Hakenschlägen.

Es beginnt bei Dietrich Bonhoeffer:

> „Noch ein paar Worte zu den Gedanken über die ‚Religionslosigkeit'. Du erinnerst Dich wohl des Bultmannschen Aufsatzes über ‚Entmythologisierung des Neuen Testamentes'. Meine Meinung dazu würde heute die sein, dass er nicht ‚zu weit', wie die meisten meinten, sondern zu wenig weit gegangen ist. Nicht nur ‚mythologische' Begriffe wie Wunder, Himmelfahrt etc. (die sich ja doch nicht prinzipiell von den Begriffen Gott, Glauben etc. trennen lassen!), sondern die ‚religiösen' Begriffe schlechthin sind problematisch. Man kann nicht Gott

und Wunder voneinander trennen (wie Bultmann meint), aber man muss *beide* ‚nicht-religiös' interpretieren und verkündigen können. Bultmanns Ansatz ist eben im Grunde doch liberal (d. h. das Evangelium verkürzend), während ich theologisch denken will.

Was heißt nun ‚religiös interpretieren'?

Es heißt m. E. einerseits metaphysisch, andererseits individualistisch reden. Beides trifft weder die biblische Botschaft noch den heutigen Menschen. Ist nicht die individualistische Frage nach dem persönlichen Seelenheil uns allen fast völlig entschwunden? Stehen wir nicht wirklich unter dem Eindruck, dass es wichtigere Dinge gibt als diese Frage (– vielleicht nicht als diese *Sache*, aber doch als diese *Frage*!?)? Ich weiß, dass es ziemlich ungeheuerlich klingt, dies zu sagen. Aber ist es nicht im Grunde sogar biblisch? Gibt es im Alten Testament die Frage nach dem Seelenheil überhaupt? Ist nicht die Gerechtigkeit und das Reich Gottes auf Erden der Mittelpunkt von allem? Und ist nicht auch Römer 3,24ff das Ziel des Gedankens, dass Gott allein gerecht sei, und nicht eine individualistische Heilslehre? Nicht um das Jenseits, sondern um diese Welt, wie sie geschaffen, erhalten, in Gesetze gefasst, versöhnt und erneuert wird, geht es doch. Was über diese Welt hinaus ist, will im Evangelium für diese Welt da sein; ich meine das nicht im anthropozentrischen Sinne der liberalen, mystischen, pietistischen, ethischen Theologie, sondern in dem biblischen Sinne der Schöpfung und der Incarnation, Kreuzigung und Auferstehung Jesu Christi. Barth hat als erster Theologe – und das bleibt sein ganz großes Verdienst – die Kritik der Religion begonnen, aber er hat dann an ihre Stelle eine positivistische Offenbarungslehre gesetzt, wo es dann heißt: ‚friss, Vogel, oder stirb', ob es nun Jungfrauengeburt, Trinität oder was immer ist, jedes ist ein gleichbedeutsames und -notwendiges Stück des Ganzen, das eben als Ganzes geschluckt werden muss oder gar nicht. Das ist nicht biblisch. Es gibt Stufen der Erkenntnis und Stufen der Bedeutsamkeit; d. h. es muss eine Arkandisziplin wiederhergestellt werden, durch die die Geheimnisse des christlichen Glaubens vor Profanisierung behütet werden. Der Offenbarungspositivismus macht es sich zu leicht, indem er letztlich ein Gesetz des Glaubens aufrichtet und indem er das, was eine Gabe für uns ist – durch die Fleischwerdung Christi! – zerreißt. An der Stelle der Religion steht nun die Kirche – das ist an sich biblisch –, aber die Welt ist gewissermaßen auf sich selbst gestellt und sich selbst überlassen, das ist der Fehler. Ich denke augenblicklich darüber nach, wie die Begriffe Buße, Glaube, Rechtfertigung, Wiedergeburt, Heiligung ‚weltlich' – im alttestamentlichen Sinne und im Sinne von Joh 1,14 – umzuinterpretieren sind. Ich werde Dir weiter darüber schreiben!"[95]

Tatsächlich weitergeschrieben hat allerdings jemand anderes und griff die Debatte in besonderer Weise auf.

„Durch einen anderen Gelehrten, dessen Ruf etwas verblasst ist, möchte ich dieses kurze Selbstporträt als Philosoph beginnen. Bei der sehr durchschnittlichen, wenn auch aufs Ganze gesehen ausgezeichneten klassischen Erziehung, die ich in Dijon genossen habe, hatte ich das Glück, mit einem ehemaligen katholischen Priester befreundet gewesen zu sein, der Universitätsprofessor und protestantischer Pfarrer geworden war und Rudolf Bultmann ins Französische übersetzt hatte. Unter der Anleitung von Alain Malet entdeckte ich eine biblische Exegese, die mich schließlich dazu zwang, meine katholische Ausbildung vollkommen zu erneuern, vor allem aber kam ich dabei zum ersten Mal in Kontakt mit etwas, das später als Netzwerk von Übersetzungen bekannt geworden ist – etwas, das einen entscheidenden Einfluss auf mein Denken ausüben sollte. Vielleicht vermuten Sie, dass Bultmanns radikale Exegese ähnlich zersetzend wie Säure auf die robusten Gewissheiten wirkte, die ich im gutbürgerlichen und gut katholischen Burgund erworben hatte. Dennoch genau das Gegenteil trat ein: auch wenn Bultmann versuchte,

---

95 Bonhoeffer (Anm. 63), 414 ff.

Authentizität dadurch zu erreichen, dass er nach und nach jede sukzessive Ergänzung beseitigte, die durch lange Ketten christlicher Autoren in wilder Erfindung hinzugefügt worden waren – mit dem Ergebnis, wie Sie wissen, dass am Schluss seiner Geschichte der synoptischen Tradition (die gerade von meinem Mentor übersetzt worden war) man nur noch mit drei oder vier ‚genuin' aramäischen Sätzen dasteht, die von einem gewissen ‚Joshua von Nazareth' geäußert wurden –; so gelangte ich durch meine Lektüre im Gegenteil zu dem Schluss, dass die Wahrheitsbedingungen des Evangeliums genau in diesen langen Ketten fortgesetzter Erfindungen lagen. Allerdings nur, sofern diese Erfindungen sozusagen in der richtigen Tonart erfolgten. Von dieser Tonart, dieser Art, zwischen zwei entgegengesetzten Formen von Verrat zu unterscheiden, handelt meine Dissertation: Verrat durch bloße Wiederholung, Verrat, indem man die anfängliche Intention verlor, das heißt den Geist, den Heiligen Geist. Ich hatte Bultmann sein Gift entzogen und seine kritische Säure in den besten uns verfügbaren Beweis verwandelt, dass es möglich war, durch eine riesige Zahl von Vermittlungen Wahrheit zu gewinnen (religiöse Wahrheit), sofern jedes der Verbindungsglieder die Botschaft auf die ‚richtige Art und Weise' erneuerte – wobei die ganze Frage selbstverständlich lautete, diese richtige Art und Weise genau genug zu definieren. Was ich tat, indem ich Charles Péguys erstaunliches Buch ‚Clio' gründlich studierte, dessen Thema und Stil genau in der Frage nach der guten und der schlechten Wiederholung bestanden [...]. Was Bultmann für mich leistete [...], war Folgendes: Als ich das kalifornische Biologielabor betrat, in dem meine erste ernsthafte Feldforschung begann, war ich dafür ausgerüstet, in der gewaltigen Komplexität der wissenschaftlichen Praxis die exegetische Dimension zu entdecken. [...] Wie in der Arbeit der Bibelexegese wurde auch hier Wahrheit nicht dadurch gewonnen, dass man die Anzahl der Vermittlungsschritte verringerte, sondern indem man im Gegenteil die Anzahl der Vermittlungen vermehrte. Sofern natürlich jeder Schritt in der richtigen Tonart erfolgte. Auch hier war ich bald wieder damit befasst, so genau ich konnte, den richtigen Schlüssel der Bedingungen für das Glücken langer Übersetzungsketten zu liefern. Es war offensichtlich, dass der Modus, der die Objektivität von Wissen sicherstellte, vollkommen verschieden war von dem Modus, der die Treue des religiösen Geistes sicherstellte, doch diese Differenz bedeutete nicht, dass es im einen Falle unmittelbare Gewissheit gab, im anderen dagegen reine Erfindung. Mit anderen Worten, ich konnte mich bereits vom Streit zwischen ‚Wissen' und ‚Glauben' lösen und diese beiden mythischen Terme durch zwei Reihen empirisch fassbarer Übersetzungsketten ersetzen, die sich entlang zweier unterschiedlicher Regime ausbreiteten."[96]

Auf diese Weise beschreibt Bruno Latour in seiner Rede zur Verleihung des Siegfried-Unseld-Preises 2008 die Vorgeschichte zu seinem Buch „Jubilieren" von 2002 (dt. 2011). Hierin geht er der Frage nach, warum religiöse Reden, also Predigten, so oft „Qualen"[97] sind. Latour kommt zu der Erkenntnis, dass dies vor allem mit einer Verwechselung zu tun hat. Eine Rede im Modus einer Liebeserklärung wird mit einer Rede im Modus einer Informationsübermittlung verwechselt. Mit diesem Kategorienfehler[98] wird nicht nur jegliche persönliche Erfahrung ausgeblendet, sondern auch jegliche Möglichkeit einer Veränderung. Der religiösen Rede liegt dieselbe Erfahrung zugrunde wie ein Gespräch zwischen Liebenden. Deren Liebe erklärt, bestätigt oder erneuert sich ebenso wenig durch die Übermittlung einer Information über ihre Liebe noch durch die Berufung auf eine äußere Referenz. Dies geschieht einzig durch die Erfindung

---

96 Bruno Latour, Selbstporträt als Philosoph, Rede anlässlich der Entgegennahme des Siegfried-Unseld-Preises, <http://www.bruno-latour.fr/sites/default/files/downloads/114-UNSELD-PREIS-DE.pdf> (12.02.2015).

97 Latour (Anm. 72), 7.

98 Vgl. Ders., Existenzweisen. Eine Anthropologie der Moderne, Berlin 2014, 92 ff.

neuer Liebeserklärungen, die ihre Bezüge zur ersten ihrer Art nicht verlieren: „Man muss erfinden, um der Wahrheit treu zu bleiben."[99]

Folgende Zusammenfassung findet Peter Sloterdijk in seinen Notizen zur Vorbereitung seiner Laudatio anlässlich der Verleihung des Siegfried-Unseld-Preises an Bruno Latour: „Latour bekennt sich zu einem um 180 Grad gedrehten Bultmann-Effekt: statt zu entmythologisieren, soll man die Erzählungen vermehren – sofern es Liebeserklärungen sind."[100] Und er folgert schließlich: „Im Substantiv ‚Geist' ist nicht mehr enthalten als im Verb ‚erneuern'. Dann ist in dem Wort ‚Gott' nicht mehr enthalten als im Partizip ‚Nähe erzeugend' oder: ‚Welt eröffnend'."[101]

Aber auch nicht weniger.

---

99 Peter Sloterdijk, Zeilen und Tage. Notizen 2008–2011, Berlin 2012, 76.
100 Ebd.
101 A. a. O., 77.

VI. Die Abgeschlossenheit
der theologischen Fakultäten

„Ich halte die Abgeschlossenheit der theologischen Fakultäten für ein Verhängnis"[102], sagte Jacob Taubes, der Berliner Hermeneutiker und Judaist. Dieses Diktum ist aktueller denn je. Bis in jüngste kirchliche Verlautbarungen mit vorgegebener theologischer Richtkraft hinein[103] werden säkulare Forschungen angrenzender Fachbereiche, etwa Geschichte, schlicht ignoriert. Diese stets etwas beleidigt daherkommende Ignoranz ist nur eine Seite der Abgeschlossenheit. Eine andere ist die Flucht in Spezialisierung und Abgrenzung innerhalb der theologischen Disziplinen selbst: Altes Testament flieht in Archäologie oder Neues Testament in Philologie – beispielsweise; es gibt viele verlockende Fluchtmöglichkeiten. Schulbildungen verstärken das Problem und führen zur Entkopplung oder Vereinseitigung von Disziplinen, die eigentlich im direkten Austausch stehen sollten. Glückliche Personenkonstellationen, die derartige Dynamiken austarieren können, sind nicht ausgeschlossen, scheinen aber in der Realität die Ausnahme zu sein. Hinzu kommt, dass es keinen offenen Austausch mit nachbarschaftlichen Disziplinen, etwa Philosophie, Kunstwissenschaft, Literaturwissenschaft, Kulturwissenschaft und anderen gibt.

Direkt oder indirekt ist die Theologie in ihrer Tendenz zur Abgeschlossenheit mit ihrer eigenen Schattengeschichte

---

102 JACOB TAUBES, Die Politische Theologie des Paulus, München 2003, 12 f.

103 Reformation und Freiheit, Gütersloh 2014, und die entsprechende Polemik in der Presse.

konfrontiert: der Geschichte der Ketzer und Häretiker. Diese Schattengeschichte der Theologie reicht zurück bis in ihre Quellentexte des Neuen Testamentes und ist voller eindrücklicher Beispiele, wie offenes theologisches Entwerfen abschließender kirchlicher Macht geopfert wird.[104]

Zuletzt ist Walter Nigg in seinem „Buch der Ketzer" dieser Geschichte nachgegangen. Und dieses noch heute lesenswerte Buch verdankt sich einem dezidiert homiletischen Impuls: Wer die von dramatischen Erfahrungen von Zerstörung und Nihilismus des Zweiten Weltkrieges gezeichneten Menschen „wieder für das Christentum gewinnen möchte, der müsse ihm zuerst einmal mit restloser Wahrhaftigkeit begegnen und die Fehler der Vergangenheit schonungslos zugeben"[105]. Und

> „während Vertreter der Kirchen in Fulda, Stuttgart und Darmstadt um Worte für ein Schuldbekenntnis rangen, blickte er [Walter Nigg] über die Gräuel der vergangenen Jahre zurück in die Anfänge der Kirchengeschichte zu Simon Magus, den Gnostikern, Origines, Marcion, zu Arius und Pelagius, den Katharern und Waldensern, zu Jan Hus und den Hexen. Diesen Verfolgten und Gepeinigten wollte er mit seinem Werk ‚Das Buch der Ketzer' Gerechtigkeit widerfahren lassen."[106]

Diese Geste der Aufschließung theologischen Denkens, die Walter Nigg im Stil von theologischen Porträts realisierte, spürte dem schöpferischen Potenzial der theologischen Gedanken nach, die nicht an die Macht gekommen waren,

---

104 Im Zusammenhang des Reformationsjubiläums vgl. insbes. den Konflikt zwischen Augustin und Julianus von Eclanum, in: Kurt Flasch, Kampfplätze der Philosophie, Frankfurt a. M. 2008, 11–41.

105 Uwe Wolff, Das Geheimnis ist mein. Walter Nigg. Eine Biographie, Zürich ²2012, 269.

106 Ebd.

also keine Gestaltungsmöglichkeit erhielten. Nigg suchte nach Spuren des „evangelischen Plasmas" (Peter Sloterdijk) in der Geschichte der Theologie, um es heute zur Wirkung zu bringen. „Die Kirche ist allezeit für das Aufkommen der Ketzerei in ihrer Mitte verantwortlich, weil dieselbe fast immer aus einer Vernachlässigung der Wahrheit ihrerseits entstanden ist. Was sie auch sagen mag, sie kann sich ihrer indirekten Teilhaberschaft an der Häresie nicht entschlagen. Aus diesem Grunde haben die Ketzer im Hinblick auf die stets wieder innerhalb der Kirche eintretende Verfälschung, Entartung und Verschüttung des Evangeliums eine notwendige Funktion auszuüben, die vom Standpunkt der christlichen Selbstbesinnung aus nicht ernst genug genommen werden kann. Aus einer solchen durch das Phänomen der Ketzer veranlassten Selbstkritik können erneuernde Kräfte hervorgehen, deren das Christentum mehr als je bedarf."[107]

Dem „häretischen Imperativ" (Christoph Schmidt) als schöpferischer Geste liegt eine Tugend zugrunde: Großzügigkeit: „Die Reichweite solcher theologischen Großzügigkeit ist offen, bleibt vielleicht für immer unbestimmbar, was nur heißen könnte: bleibt immer wieder zu erproben."[108]

---

107 Walter Nigg, Das Buch der Ketzer, Zürich 1986, 15.
108 Hans Blumenberg, Matthäuspassion, Frankfurt a. M. 1988, 45.

VII. Aufschließung/Öffnung

‚Aufschließung' ist der Titel der französischen Originalausgabe des ersten Bandes dessen, was der französische Philosoph Jean-Luc Nancy dort im Untertitel die „Dekonstruktion des Christentums" genannt hat. Der aufschließende Grundimpuls dieser Untersuchung bezeichnet zugleich eine homiletische Geste.

Doch worum geht es Nancy bei seinem Projekt einer Dekonstruktion[109] des Christentums?

> „Das, worum es geht, kann nicht anders als auf dem Wege einer gegenseitigen Aufschließung [*déclosion*] des Erbes der Religion und der Philosophie ins Spiel gebracht werden. Aufschließung bezeichnet die Öffnung einer Einfriedung [*enclos*], die Behebung [*levée*] einer Geschlossenheit [*clôture*]."[110]

Zum einen bezeichnet Nancys Projekt der Aufschließung des Christentums ein Experiment des Denkens. Es betrifft die Denkwerkzeuge des Christentums, die sich in und mit philosophischen Begriffen der Metaphysik entwickelt haben. Aufschließung bedeutet, die Einfriedung christlichen Denkens in der Geschlossenheit metaphysischer Begrifflichkeit zu öffnen.

---

109 Zum Begriff der Dekonstruktion in diesem Zusammenhang und seinen Bezügen zu Derrida, Heidegger, Luther, Averroes u. a. siehe JEAN-LUC NANCY, Die Dekonstruktion des Christentums, Zürich-Berlin 2008, 251 Fußnote 10.

110 A. a. O., 15.

Damit werden zwei Bewegungen des Denkens ins Denken selbst hineingenommen. Die eine ist philosophische Metaphysikkritik. Die andere besteht darin, die Öffnungsbewegung im Christentum selbst als eine konstitutive Bewegung wahrzunehmen. Das bedeutet, die Geschichte des Christentums nicht als eine Verfallsgeschichte von einem wie immer gearteten reinen Ursprung zu lesen, sondern als Bewegungsgeschichte eines Konfliktes: „Der Konflikt zwischen einer religiösen Integrität und ihrer Auflösung durch die Anpassung an eine Welt, die zugleich von ihr heraustritt und sich von ihr löst, sie zurückweist oder verleugnet".

Nancy meint hier nicht einen Konflikt zwischen Dogmen oder gegensätzlichen Glaubensauffassungen; auch nicht einen Konflikt zwischen Judentum und Christentum; auch nicht einen Konflikt zwischen großen Religionen. Sondern Nancy meint einen spezifischen Konflikttyp im Inneren des Christentums,

> „der wahrscheinlich einer zwischen einer Integrität und ihrem Zerfall, ihrer Des-Integration ist. In diesem spezifischen Konflikt ist der erste Ansatz einer innersten Eigentümlichkeit des Christentums und der Möglichkeit seines Werdens zu suchen: Wäre das Christentum nicht in und durch sich selbst eine gespaltene Integrität? Wäre es nicht eben die Bewegung seiner Distension, als seiner Ausdehnung und Zerspannung, seiner Öffnung und seiner Auflösung?"

Nancy bestimmt auf diese Weise das schöpferische Prinzip des Christentums „als Öffnung – Selbst-Öffnung und selbst als Öffnung".[111]

Diese Öffnung ist nicht im Sinne einer zufälligen Eigenschaft zu verstehen, sondern sie ist „wesentliche Eigen-

---

111 A. a. O., 245.

tümlichkeit", „christliche Ipseität", „Selbstbezug als un-definierte[s] Heraustreten aus sich"[112]. Öffnung ist „der Weg des *homo viator*, des wandernden Menschen, des Menschen unterwegs. Dessen Reise ist nicht nur Übergang und Vorübergehen, sie konstituiert an sich das Vorgehen und Fortschreiten der Offenbarung selbst."[113] Anders gesagt bezieht sich das Christentum „von vornherein auf seinen Ursprung als ein Spiel, ein Intervall, eine Schlagen oder Pulsieren, eine Öffnung im Ursprung"[114].

Und hier stoßen wir auf die homiletische Pointe des Projektes der Aufschließung des Christentums nach Jean-Luc Nancy, nämlich auf seine Ursprungsstruktur, die „die Ankündigung des Endes" ist. „Das Christentum ist wesentlich in der Ankündigung des Endes. Genauer, das Christentum ist im Ende als Ankündigung, als angekündigtes Ende, als Evangelium, als *euaggelion*, gute Kunde [*bonne annonce*]. Die Botschaft ist das Herz des Christentums."[115]

Damit ist die christliche Verkündigung etwas anderes als Prophezeiung im Sinne von Vorhersage, sie ist auch nicht Verheißung im Sinne eines konkreten Endes. Das Ende, das verkündigt wird, ist ein „unendliches Ende". „Was ist das Christentum? Das Evangelium. Was ist das Evangelium? Es ist das, was sich verkündigt, und das sind keine Texte. Was verkündigt sich? Nichts." Anders gesagt: das „Fast-Nichts der Schrift". Was sich in der Schrift findet, ist eben nur eine Spur dessen, das da „jemand auf die dargestellte Weise gelebt hat, was er verkündigt hat", ein „Fast-Nichts" in einer lebendigen Bewegung.[116]

---

112 A. a. O., 246.
113 A. a. O., 248.
114 A. a. O., 253.
115 Ebd.
116 A. a. O., 254.

> „Um ins Herz, in die wesentliche Bewegung des kerygmatischen oder evangelischen Christentums zu dringen, um in seine Verkündigungsstruktur zu gelangen, reicht es auch nicht, allein auf die Evangelien zurückzugreifen und sich gegen die spätere dogmatische Entwicklung zu stellen. Es gilt vielmehr, in der dogmatischen Entwicklung die eigentliche Bewegung wieder aufzugreifen, die dieses Dogma durch die Grundstruktur der Verkündigung und der Öffnung des Sinns prägt."[117]

Sinn ist hier doppelt gemeint. Zum einen im Sinne von Bedeutung, die von Vorgängern herkommt, und im Sinne von Richtung, die auf die Zukunft als die Ankunft des Sinns ausgerichtet ist.[118]

Die homiletische Herausforderung einer Aufschließung des Christentums ist ein Spiel. Es besteht darin, zusammengefügtes Denken zu öffnen, den Gedanken Spielraum zu geben, um zwischen den Teilen einer „Zusammenfügung eine Möglichkeit spielen zu lassen, von der sie herkommt, die sie als Zusammenfügung jedoch zudeckt"[119].

---

117   Ebd.
118   Vgl. a. a. O., 248 f.
119   A. a. O., 251.

VIII. Abel. Die Sprache Gottes nach Hugo Ball

Zu der Zeit, als in erschütternder Eintracht von den Kanzeln der christlichen Kirchen Europas ein schreckliches Kriegsgeschrei[120] verbreitet wurde, haben einige Wenige sich entsetzt abgewendet. Aus der Perspektive derer, die wussten, dass es noch schlimmer kommen kann, nennt man dieses Exil das „deutsche Präexil"[121].

Der Dramaturg und Dichter Hugo Ball war einer der deutschen Präexilanten.[122] In Zürich experimentierte er mit Lauten und Worten. Nicht auf Kanzeln, sondern im Cabaret Voltaire und in der Galerie Dada machte er sich auf die Suche nach einer Sprache, die einer von den Kanzeln geflohenen Antikriegspredigt hätte angemessen sein können. Hugo Ball wollte der Sprache seiner Zeit entkommen, „dieser vermaledeite[n] Sprache, an der Schmutz klebt wie von Maklerhänden, die die Münzen abgegriffen haben"[123]. So erfand er Lautgedichte, testete sie auf der Bühne des Cabaret Voltaire, entdeckte, dass er beim Vortrag in einen liturgischen Singsang verfiel[124], und erkannte, dass seine Experimente

---

120 Vgl. KURT FLASCH, Die geistige Mobilmachung. Die deutschen Intellektuellen und der Erste Weltkrieg, Berlin 2000, in unserem Zusammenhang insb. 36 ff. und 147 ff.

121 MARTIN KOROL, Deutsches Präexil in der Schweiz 1916–1918, Bremen/Tartu 1999.

122 Vgl. FLASCH (Anm. 120), 202 ff.

123 HUGO BALL, Zinnoberzack, Zeter und Mordio, Alle Dada-Texte, Göttingen 2013, 13.

124 Vgl. DERS., Die Flucht aus der Zeit, Zürich 1992, 105 f.

D. A. D. A. eine doppelte Anrufung Dionysios' des Areopagiten[125] waren. Dieser Spur ging er später in seiner Studie über das Byzantinische Christentum[126] genauer nach.

Ein in mehrerer Hinsicht überraschendes Experiment unternahm Hugo Ball im Juni, also im Sommer des Jahres 1916. Er nahm eine franziskanische Tradition von 1223 wieder auf, das seine Sprachexperimente tatsächlich in homiletische Nachbarschaft rückt: das Krippenspiel.

> „Das ‚Krippenspiel' (Concert bruitiste, den Evangelientext begleitend) wirkte in seiner leisen Schlichtheit überraschend und zart. Die Ironien hatten die Luft gereinigt. Niemand wagte zu lachen. In einem Kabarett und gerade in diesem hätte man das kaum erwartet. Wir begrüßten das Kind, in der Kunst und im Leben."[127]

In sieben Szenen – I. Stille Nacht: die Hirten auf dem Felde; II. Der Stall: Ochs, Esel, Lamm, Maria und Joseph; III. Die Erscheinung des Engels und des Sterns; IV. Die Verkündigung: der Engel; V. Die heiligen drei Könige: die Könige und ihre Karawane; VI. Ankunft im Stalle: Maria und Joseph, die Könige, das Jesuskind; VII. Die Prophezeiung: Hinweise auf die Kreuzigung, Nageln, Klagelaute[128] –, die teilweise wörtlich dem Lukas- bzw. dem Matthäusevangelium entnommen, paraphrasiert oder um Einschübe erweitert wurden, entwickelt sich „ein kontrapunktisches Rezitativ, in dem drei oder mehrere Stimmen gleichzeitig sprechen, singen, pfeifen oder dergleichen, so zwar, dass ihre Begegnungen den elegischen,

---

125   Vgl. a. a. O., 296.
126   DERS., Byzantinisches Christentum. Drei Heiligenleben, Göttingen 2011.
127   DERS. (Anm. 124), 97.
128   DERS. (Anm. 123), 38–44.

lustigen oder bizarren Gehalt der Sache ausmachen"[129]. Um die Worte des Evangeliums herum erklingen

> „Klänge und Geräusche, die durch verschiedene Instrumente und Stimmen erzeugt wurden, darunter die Laute der beteiligten Tiere, das ‚muh' und ‚ia' von Ochs und Esel, das ‚bäh' des Schafs, aber auch das Geräusch der Windes (‚f f f [...] f ffff t t'), des Sterns (‚Zcke, zcke, [...] zcke ptsch, zcke ptsch') oder der ‚Ton der heiligen Nacht' (‚hmmmmmmmmm[...]'), Klanggebete von Joseph und Maria (‚ramba ramba ramba [...] b-vara, m-bara, [...]') und das ‚Geräusch der Litanei', das an lateinische Klänge erinnert (‚do da do da [...] dorum darum [...]')."[130]

In die zart und vertraut wirkenden Zwiesprachen von Evangelientext, Klang und Geräusch der Weihnachtsgeschichte tritt in der letzten Szene „die Gewalt wie ein Blitz"[131], indem die Worte Mariens, sie bewegte all diese Worte in ihrem Herzen, direkt auf die Kreuzigung bezogen werden:

> „Maria aber bewegte all diese Worte in ihrem Herzen. Und sie sah einen Berg und drei Kreuze aufgerichtet. Und sie sah ihren Sohn verspottet und mit einer Dornenkrone gekrönt. Und sie kreuzigten ihn. Aber sie wussten, dass er am dritten Tage wieder auferstehen werde, verklärt."[132]

Welche Sprache suchte Hugo Ball? Worin ist der versteckte homiletische Impuls seiner Experimente zu suchen? Immer wieder wurde Ball in Zusammenhang mit der Theorie der adamitischen Sprache gedeutet, wie wir sie im 20. Jahrhun-

---

129 A. a. O., 87.

130 Wiebke-Marie Stock, Abels Kommunikation. Eine Sprachfabel nach Hugo Ball, in: Scientia Poetica 15, Berlin/Boston 2011, 197. Vgl. dies., Denkumsturz. Hugo Ball – Eine intellektuelle Biographie, Göttingen 2012, 35 ff.

131 Dies., Abels Kommunikation, 198.

132 Ball (Anm. 123), 44.

dert prominent bei Walter Benjamin[133] finden. Ball und Benjamin kannten sich aus beider Exil.

Die Urszene der adamitischen Sprache „ist Adams Benennung der Tiere, die Gott schafft, damit der Mensch nicht allein sei, und die er ihm zuführt, ‚um zu sehen, wie er sie nennen würde; und wie der Mensch sie nennen würde, so sollten sie heißen‘ (Gen 2,18–20).

Die Theorie der adamitischen Sprache weitete diese Benennung der Tiere über den Rahmen des biblischen Textes hinaus zu einer Benennung der Dinge insgesamt aus. Der Zusammenhang mit der Erschaffung der Frau – ‚Diese ist nun endlich Gebein von meinem Gebein und Fleisch von meinem Fleische‘ (Gen 2,23) – wird ausgeblendet zugunsten eines in sich stehenden sprachtheoretischen Mythos." Dabei geht es

> „um die Erkenntnis der Dinge, Adam hat ihr zufolge die Dinge nach der Erkenntnis benannt, die Worte drücken das Wesen der Dinge aus. […] Mit dem Sündenfall ist die Einheit verloren gegangen, die Worte dienen nunmehr dem Urteil über die Dinge, nicht ihrer unmittelbaren Erkenntnis."[134]

Doch Hugo Ball bezieht sich nicht auf diese Theorie, weder ausdrücklich noch indirekt. Er erfindet eine andere sprachtheoretische Urszene.[135] Ein knappes Jahr vor der Aufführung des Krippenspiels, am 21. Oktober 1915, notiert Hugo Ball:

---

133 Vgl. WALTER BENJAMIN, Über Sprache überhaupt und über die Sprache des Menschen, in DERS., Gesammelte Schriften, Bd. 2,1, Frankfurt a. M. 1974, 207–228. Vgl. STOCK, Abels Kommunikation (Anm. 130), 189.

134 DIES., a. a. O., 188 f.

135 Hugo Ball arbeitet hier sozusagen im Modus der „wahrheitsgetreuen Erfindung", wie ihn Bruno Latour beschreibt; vgl. LATOUR (Anm. 72), 158 ff.

„Es war an einem Tage im Spätherbst, da Kain seinen Bruder erschlug. Abel liebte die Sprache der Vögel. Er saß am Feuer und baute Türmlein aus Asche. Die blonden Haare fielen ihm freundlich über die Schulter. Er neckte sich mit dem Feuer. Er blies gegen die Flamme und die Flamme sprang nach seinen hellen Haaren und zauste sie. ‚Du lügst', sagte Kain. Abel verstand ihn nicht. ‚Du liebst', sagte Kain, ‚was der andere geschaffen hat. Du bist ein Verräter an unserem Stolze.' Da erkannte Abel die Stimme und seine Augen entsetzen sich. Er barg seine Augen an Kains Brust, er umklammerte ihn. Da sah Kain, dass Abel ihn erkannt habe, und schlug nach ihm. Ergeben fiel Abel, das Kind, auf den Holzstoß, das nahe beim Feuer lag. Das Türmchen aus Asche ragte als einziger Zeuge neben der Glut. Und Kain sah die rührende Armut dessen, den er erschlagen. Geöffnet und leer lagen Abels Hände. Sein Kleid hatten die Vögel ihm zubereitet aus ihren Flügeln. Seine Schuhe waren aus Blumen geflochten und eine letzte Biene kam, um sich Honig zu saugen. Erschrocken lag Abel gehorsam und seine Stellung verriet, er werde nie spielen mehr über den Fluren, nie mehr die fleckigen Zicklein locken, nie mehr die Brunnen belehren und mit den Winden Zwiesprache halten. Da fühlte Kain einen brennenden Schmerz an seiner Stirne. Da wurde ein Zeichen an ihm getan. Ein Kreuz sah er aufgerichtet und daran hing Abel, das Kind, und die Rehe kamen, ihm seine Füße zu stillen und der Himmel goss Sterne und Tränen aus. Da entsetzte sich Kain und entfloh. Das Blut seines Bruders aber stand auf und schrie und verfolgte ihn."[136]

Die Religionswissenschaftlerin Wiebke-Marie Stock ist auf die sprachtheoretische Bedeutung dieses Tagebucheintrages von Hugo Ball gekommen und interpretiert folgendermaßen: Hugo Balls Version der Geschichte von Kain und Abel beginnt wie ein Märchen: „Es war an einem Tage im Spätherbst [...]." Abel ist hier nicht der Hirte neben dem Acker-

---

136 BALL (Anm. 124), 56 f.

bauern wie in der Version der Genesis, sondern er ist träu-
merisch und spielt mit den Elementen und Tieren.

„Abel befindet sich in einem paradiesisch anmutenden
kindlichen Naturzustand, in dem das Feuer weder bloßes
Werkzeug noch gefährliche Naturkraft, sondern einfach ein
Spielgefährte ist. Diese innige Beziehung zum Feuer mutet
franziskanisch an – ‚Bruder Feuer' spielt nicht nur in dem
berühmten Sonnengesang, sondern auch in der legendari-
schen Rede vom heiligen Franziskus eine bedeutende Rolle.
Von Opfern der Brüder an Gott (Gen 4,3–5) ist nicht die Rede;
nur das Feuer spielt auf die biblischen Geschichte an – im Alten Testament selbst wird zwar vom Feuer nicht gesprochen,
die bildlichen Darstellungen dieser Opferszene als Brandop-
fer haben jedoch die Imagination entscheidend geprägt. In
Balls Geschichte geht es nicht um die Opfergaben der Brüder,
daher erschlägt Kain Abel auch nicht aus Zorn darüber, dass
Gott nur das Opfer seines Bruders annimmt. Der Grund des
Mordes ist in Balls Version ein anderer: ‚‚Du lügst', sagte Kain'.
Den Vorwurf der Lüge versteht Abel zunächst ebenso wenig,
wie ihn der Leser verstehen kann. Kains doppelte Erklärung –
die Liebe zu dem vom anderen Erschaffenen und der Verrat
am Stolz – ist hintergründig. Abels offenkundige Liebe zu
dem Erschaffenen – die Vögel, das Feuer –, dem von dem anderen Erschaffenen, d.h. von Gott, der allerdings ungenannt
bleibt, ist in Kains Augen Lüge und Verrat. Kain erscheint als
der Stolze, der nicht die Geschöpfe eines anderen hochach-
ten oder gar lieben möchte, er ist der Aufrührer, dem nur das
von ihm selbst Hervorgebrachte achtenswert erscheint, Pro-
metheus gleich, während Abel sich in einem paradiesischen
Zustand der Harmonie mit der Schöpfung befindet, Orpheus
ähnlich, der auch die Tiere mit seiner Musik verzaubert. Ist es
gerade diese Harmonie mit dem Gegebenen, die Kain als Trug
und Lüge entlarven möchte? Will er dem naiven Abel vor Augen führen, dass seine Harmonie nur ein Schleier vor seinen
Augen ist, dass er seinen Stolz aufgibt, sich einem anderen,
einem täuschenden Herrscher unterwirft?

Nach den Sätzen Kains weiß Abel nicht nur, wen er vor sich hat, sondern auch, was ihn erwartet. ‚Da erkannte Abel die Stimme [...].' Die Eigenschaft der Kindlichkeit, die Ball Abel zuschreibt, spielt in Balls Texten und Briefen immer wieder eine wichtige Rolle. Noch einmal, jetzt mit dem melancholischen Rückblick, hebt Ball Abels spielerische, phantastische Symbiose mit der ganzen Schöpfung hervor – auch diese Beschreibung erinnert an Franziskus, die die Tiere, die Gestirne, die Elemente als Schwestern und Brüder anspricht. ‚Sein Kleid hatten die Vögel ihm zubereitet aus ihren Flügeln [...].' Aber Abel ist ein Sprechen mit den Dingen und den Tieren, den Zicklein, Brunnen, dem Wind, eine Ursprache, in der die Sprache nicht das geworden ist, was Ball ihr in seinem dadaistischen Manifest vorwirft, nämlich ein Übergriff des Menschen auf die Dinge, sondern eine Zwiesprache mit ihnen. Als Kain erkennt, was er getan hat, wird er gezeichnet: ‚Da fühlte Kain einen brennenden Schmerz an der Stirn [...].' Das Zeichen, mit dem Gott ihn im biblischen Text zeichnet als Warnung, dass ihn niemand erschlage (Gen 4,15), ist bei Ball ein Zeichen ohne Urheber, ein brennender Schmerz und zugleich die Vision einer Kreuzigung, aber nicht die der Kreuzigung Christi, auf die Abels Tod der typologischen Ordnung der Bibel zufolge verweist, sondern der Kreuzigung Abels selbst, die zu einem seltsamen Bild der Trauer gerät: Tiere kommen heran, Rehe, die Schöpfung trauert. Aber was tun diese Rehe, wenn sie ‚ihm seine Füße [...] stillen'? Und nicht nur die Tiere trauern, sondern auch der Himmel, der ‚Sterne und Tränen' ausgießt – ein geradezu apokalyptisches Bild. Die Trauer der Tiere erinnert an die Geschichte vom Tod Buddhas, bei dem die Tiere trauern. Das von Ball gezeichnete Bild verknüpft die Bilder vom Tod Christi am Kreuz und vom Tod Buddhas, umgeben von Menschen und Tieren.

Das Blut Abels, das in der Erzählung der Bibel zu Gott empor schreit (Gen 4,10), verfolgt in Balls Geschichte schreiend Kain selbst. Hier ist die Sprache der Dinge nicht mehr fröhliche Zwiesprache mit den Menschen, sie ist vielmehr Anklage des Menschen."

Und Wiebke-Marie Stock fasst zusammen:

> „Balls Version der Geschichte von Kain und Abel schreibt in
> die biblische Geschichte andere mythische und legendarische
> Figuren ein, Prometheus und Orpheus, Franziskus und Bud-
> dha. So wird sie zu einer zweiten Urgeschichte des Verhältnis-
> ses von Mensch und Natur, verstanden nicht als erwachsen-
> herrschaftliches Benennen, sondern als kindlicher Zustand
> vertrauter Zwiesprache."[137]

Zwei einschneidende Unterschiede lassen sich zwischen
Hugo Balls Verständnis von Sprache und Walter Benjamins
Theorie der adamitischen Sprache feststellen. Zum einen
legt Ball im Unterschied zu Benjamin weniger Gewicht auf
die Namensgebung, wenngleich er darin eine Beteiligung
Adams am Schöpfungswerk zugesteht;[138] ihm fällt vor allem
der Akt der Benennung als Herrschaftsgeste negativ auf, er
sieht darin einen „Übergriff", eine „Gewalttat an den Dingen"[139].

Ball plädiert für eine „Befreiung der Dinge zu ihrem
Eigensinn als Eigenklang; in Schwingung und Klang soll der
Mensch sich der Sprache der Dinge ihrem Klang annähern"[140].
Zum anderen bestreitet Ball Benjamins Behauptung, die
Dinge seien stumm.

Ball will gerade ihre Lautsprache in seine Texte einbezie-
hen und auch auf der Experimentierbühne hören lassen.

> „Nach Balls Verständnis von Sprache ist nicht eine das Wesen
> der Dinge suchende Semantik die sprachtheoretische Grund-
> dimension, sondern die den besonderen Klang der Dinge

---

137 Stock, Abels Kommunikation (Anm. 130), 191–194.

138 Vgl. Ball (Anm. 124), 133.

139 Stock, Abels Kommunikation (Anm. 130), 200; vgl. Ball (Anm. 123), 13.

140 Stock, Abels Kommunikation (Anm. 130), 202.

suchende Sprachmusikalität. Der Klang der Dinge ist das, was sie am tiefsten mit der Sprache der Menschen verbindet."[141]

„Die Vision der Kreuzigung am Schluss von Balls Fabel von Kain und Abel und seinem Krippenspiel jedoch zeigen, dass es auch bei Ball nicht bloß um ein heiteres Spiel geht. Sprache ist Zwiesprache mit der ganzen Welt, die ganze Natur nimmt Anteil am Heilsgeschehen, weder von Freude noch von Trauer und Schmerz sind die Tiere, der Wind oder auch die Sterne ausgeschlossen, sie spielen und sprechen mit Abel, sie betrauern seinen Tod, und sie nehmen Anteil am Heilsgeschehen im Stall."[142]

Hugo Ball wollte seine dadaistischen Experimente als Geste des Protestes gegen den Krieg verstanden wissen.[143] In seinem Buch „Zur Kritik der deutschen Intelligenz" von 1921, das er später überarbeitet unter dem Titel „Die Folgen der Reformation" erneut herausgab, rechnet Ball mit diesem Krieg politisch ab, geht der Kriegsschuld historisch unerbittlich auf den Grund und auch dem Beitrag der christlichen Kirchen. In diesen noch heute schwer zu lesenden und ihrer genauen Rezeption noch harrenden Schriften zeigt sich Ball als der „Radikalinsky"[144], als den er sich selbst ironisierte.

Er wusste, dass er mit seiner „Kritik" überzogen hatte. Wenn auch aus Leidenschaft, so hatte doch die „destruktive Tendenz"[145] überwogen. Es war „eine Lücke"[146] geblieben. Diese suchte Ball zu schließen und legte einen ganz neuen Entwurf vor: Das Byzantinische Christentum. In diesem Werk sucht Ball die Inspiration aus dem Christentum der „anacho-

141 Ebd.
142 A. a. O., 201.
143 Vgl. Ball (Anm. 123), 92.
144 A. a. O., 209.
145 Ball (Anm. 126), 270.
146 Ders. (Anm. 124), 237.

retischen Revolution" (Peter Sloterdijk) zu beschreiben und für seine Zeit fruchtbar zu machen.[147]

Im Kapitel über Simeon den Styliten schreibt Hugo Ball über „Die Sprache Gottes": „Die Sprache Gottes ist höchster Begriff. Wir begreifen nichts mehr. Wie sollten wir noch denken können? Des Übernatürlichen Kompass zeigt nach dem Herzen. Wir aber haben mit dem Herzen auch den Kopf verloren."[148] In seinem ersten dadaistischen Manifest hatte Ball geschrieben, dass Dada das Herz der Worte sei.[149] Er hatte die Sprache Gottes gesucht, die von den Kanzeln der Kirchen verschwunden war.

---

147 Vgl. Stock, Denkumsturz (Anm. 130), 119–124, und Peter Sloterdijk, Weltfremdheit, Frankfurt a. M. 1993, 86 ff.

148 Ball (Anm. 126), 223.

149 Hugo Ball, Der Künstler und die Zeitkrankheit. Ausgewählte Schriften, Frankfurt a. M. 1988, 40. Der hier entscheidende Satz: „Dada ist das Herz der Worte" fehlt in der Ausgabe: Zinnoberzack, Zeter und Mordio. Alle Dada-Texte ohne Angabe von Gründen, vgl. in beiden Ausgaben die Quellenangabe bzw. die editorische Notiz.

Und das menschliche Herz – offene Wunde Gottes.

(Cioran)

IX. Grundworte einer biblischen Homiletik

Schweigen. Das Gesicht einer jungen Frau. Sie blickt unsicher, fast ängstlich. Das Gesicht eines Mannes. Er blickt ratlos, verdüstert, ein leichter Vorwurf liegt in seinem Blick. Erneut das Gesicht der jungen Frau. Sie schlägt die Augen nieder, senkt langsam den Kopf. Erneut das Gesicht des Mannes. Dann die junge Frau vor einem vermauerten Bogenfeld. Sie ist hochschwanger. Nun auch der Mann, stumm, regungslos.

So beginnt Pier Paolo Pasolinis Film „Das Erste Evangelium – Matthäus" von 1964 mit einem Porträt von Maria und Joseph. In einer der ärmsten Gegenden Italiens, der Basilikata, gedreht, zeigt Pasolini in seinem Evangelium immer wieder Porträts von Menschen, stumm, nah an ihren Gesichtern (im *close up* gefilmt). Sprechen tut einzig das Leben. Die Fischer an ihren Boten, die Netze flickenden Jungen am Strand. Einer nach dem anderen. Ein Name, ein Gesicht, ein Blick, ein Lächeln ...

Schon in Pasolinis vorangegangenen Filmen, „Accattone" (1961) und „Mamma Roma" (1962), sind solche Menschen zu sehen, Menschen von der Straße. Jedes Porträt ist ein *ecce homo*. „Ich empfinde nur Sehnsucht nach den armen, echten Menschen, die sich schlugen, um ihren Herrn zu stürzen, ohne aber deswegen seinen Platz einnehmen zu wollen", sagt Pasolini.[150] Schon in seiner frühen Dichtung, die er im Dialekt seiner Heimat, des Friaul, verfasste, war er dieser

---

150 GEORGES DIDI-HUBERMAN, Überleben der Glühwürmchen, München 2012, 31.

archaischen Lebendigkeit auf der Spur. Pasolini findet ein Wort, um sein Prinzip eines sakralen Lebens, das zugleich profaniert ist, zu beschreiben: *abgioia*. Dieses Wort

> „drückt Freude (*gioia*) und Leid zugleich aus. Seit meiner Kindheit, seit meinen ersten Gedichten im frioulischen Dialekt bis zur letzten Poesie in italienischer Sprache habe ich diesen Ausdruck benutzt; er entstammt der regionalen ‚provenzalischen‘ Dichtung: *abjoy, abgioia*. Die Nachtigall singt *ab-gioia*, vor Freude, aus Freude [...]. Aber *gioia* hatte in der damaligen Sprache die besondere Bedeutung eines poetischen *raptus*, einer Exaltation, einer poetischen Euphorie. Vielleicht ist dieses Wort der Schlüsselausdruck meiner gesamten Produktion. [...] Das Zeichen, das meine gesamte Produktion dominiert hat, ist eine Art Nostalgie des Lebens, dieser Sinn von einer Ausschließlichkeit, die die Lieben des Lebens nicht wegnimmt, sondern wachsen lässt."[151]

Sowohl im Lateinischen wie auch im Provenzalischen, im Frioulischen und Italienischen bezeichnet die Präposition *ab*

> „zugleich die Herkunft und die Distanz: der Haltepunkt und die Fluchtlinie. [...] Die *abgioia* ist also eine fundamentale Freude, die notwendigerweise aus sich herausgehen muss, um das Leid, das ihren Grund bildet, anzunehmen, als ihr Schicksal, das ihr zeitweilig zuwiderläuft. Sie ist die Freude, die man wiederfindet, nachdem man sie verlassen hat (in der Angst zum Beispiel). Sie ist die Freude trotz allem."[152]

> „*Malgré tout*" – trotz allem – lässt für einen Moment das widerständige Potenzial der *abgioia* als archaischer Lebendigkeit erkennen. Da ist „zum einen ein anarchistischer Versuch, den politischen Widerstand von bloßer Parteiorganisation

---

151 Pier Paolo Pasolini, zitiert nach Georges Didi-Huberman, Peuples exposés, peuples figurants: Oeil de l'histoire 4, Paris 2012, 186.

152 Didi-Huberman (Anm. 151), 186.

zu entkoppeln. Zum anderen der Versuch, die Emanzipation nicht allein nach dem Modell des Aufstiegs zu Reichtum und Macht zu denken. Schließlich ein Versuch, auch das Gedächtnis – Argot, Tätowierungen, Mimiken, die einer gegebenen Bevölkerung eigen sind – und das Begehren, das damit einhergeht, als politische Mächte zu berücksichtigen, als ebenso viele Weisen des Protestes, die es ermöglichen, die Zukunft neu zu konfigurieren."[153]

Pasolini sah das Leben trotz allem in den Gesichtern der Menschen auf den Straßen. Er suchte es in alten Überlieferungen, er suchte eine „Kraft des Vergangenen, die moderner ist als die modernsten" (Pier Paolo Pasolini).

So überrascht es nicht, dass Pasolini solche lebendigen Menschen in den Evangelien fand und ihnen in seiner Verfilmung des Ersten Evangeliums nach Matthäus Gesichter und Körper gab. In der Textfassung selbst des Films folgt Pasolini streng dem Text des Evangeliums in einer italienischen Übersetzung. So bleibt eine sprachliche Besonderheit, die er ins Bild hin öffnet, bestehen, die den Evangelien selbst eigen ist. Denn sie sind in griechischer Sprache verfasst. Und Griechisch war nicht die Sprache Jesu. Jesus hat die Sprache, in der seine Worte und Reden überliefert sind, nicht gekannt. So kommt es, „dass wir vom eigens dazu Fleisch gewordenen Gotteswort nur vier beiläufige Wendungen in der Sprache besitzen, die Jesus von Nazareth wirklich und ständig gesprochen hat"[154].

Es gibt in den Evangelien nur vier Worte, die sprachlich direkt an eine Lebendigkeit rühren, die Pasolini im Dialekt seiner Heimat suchte und dessen Kraft er mit dem provenzalischen Wort *abgioia* beschrieb. Sie könnten als Grundworte

---

153   Ders. (Anm. 150), 33 f.
154   Blumenberg (Anm. 108), 199.

einer biblischen Homiletik betrachtet werden. Worin besteht ihre homiletische Kraft? Welche homiletischen Sprachgesten finden sich in ihnen?

Das bekannteste dieser Worte Jesu in aramäischer Sprache ist vermutlich sein letztes Wort am Kreuz, zumindest nach der Matthäuspassion. Vorbereitet wird diese Klage in einer Szene, für die es keine Zeugen gibt; denn die wachend und betend hätten dabei gewesen sein sollen, haben geschlafen.

> „Ärgernis und Anstoß sind [...] das, was unter dem Titel des väterlichen ‚Willens' steht. Durch ihn wird dieser Jesus zum Werkzeug einer Verfügung, die die Bedingung gesetzt haben muss, nach der er [der Vater] jetzt verfährt. Das Unerlässliche – weshalb? Jesus fragt nicht danach und muss doch Sinn darin gesehen haben, die Aufgabe ohne das Selbstopfer zu lösen. Mit der Unterwerfung unter den ‚fremden' Willen wird er vom Hirten zum Opferlamm, von dem zu sagen, es bringe sich selbst dar, doch ein unsinniges Bild ergibt. Er ist das Lamm, weil er von diesem Augenblick an geopfert wird, nachdem er unhörbar für die Schlafenden eingestanden hat, dass es nicht sein Wille ist, der nun an ihm vollstreckt wird, um das Heil der anderen zu werden."[155]

Musste diese Klage, die es für möglich hält, dass der Gottessohn mit seinem Vater uneins sein kann, nicht in einer anderen Sprache gesprochen werden als die einer innergöttlichen Kommunikation, also in der menschlichen Sprache Jesu von Nazareth, in der *lingua aramaica*?

„*Eli, eli, lama asabthani.* Mein Gott, mein Gott, warum hast Du mich verlassen?" (Mt 27,46, Mk 15,34). Mit dem Anruf *Eli* wird Gott „fast wie ein Fremder genannt"[156]. So fremd,

---

155 A. a. O., 49.

156 A. a. O., 200.

dass die, die dabeistanden, es für den Ruf nach dem Elias hielten oder auch für das Zitat des zweiundzwanzigsten Psalms.[157] Diese Klage hat ihren unglaublichen Abgrund darin, dass „einer Gott als den Seinen anruft und zugleich ihn als den Nicht-Seinen der Verlassenheit anklagt"[158]. Ja, mehr noch, diese Klage „hat die Wahrheit eines Schreis, der noch an den ‚toten Gott' gerichtet sein könnte. Wenn nicht sogar erst recht an diesen."[159] Dem konnte nur ein letzter, wortloser, wilder Schrei noch folgen.[160]

Lukas hatte diesen ans Unerträgliche grenzenden Abgrund seinen Lesern offenbar nicht zumuten wolle. Er verdeckte ihn mit einer Anspielung auf den einunddreißigsten Psalm. Anstelle des *Eli* legte Lukas Jesus ein anderes Wort in den Mund: Vater (Lk 23,46), und weist so auf ein anderes aramäisches Wort.[161] Was auf den ersten Blick nach einer frommen Verharmlosung aussieht, öffnet eine Frage von kaum zu überschätzender Tragweite. Deutet Lukas damit darauf hin, dass Gott von der Passion seines Sohnes nicht unberührt geblieben sein konnte, dass er durch die Passion seines Sohnes selbst ein anderer geworden wäre, wie der Philosoph Hans Blumenberg zu denken gibt?

„Mussten Menschensöhne seit je danach gefragt werden, oder sich fragen, wie sie mit der Vaterlast leben konnten und können, ist hier der Gottesvater zu fragen, wie er mit der Passionslast des Sohnes hat weiter ein ‚Gott' sein können. Ist es möglich zu denken, dass dies es war, was ihn tötete? ‚Wir

---

157   Vgl. a. a. O., 208 ff.; Mt 27,47.
158   A. a. O., 70.
159   A. a. O., 221; zu weiteren theologischen Deutungen und Abgründen vgl. 221 f.
160   Vgl. a. a. O., 219; Mt 27,50.
161   Vgl. a. a. O., 210.

setzen uns mit Tränen nieder ...' – über jenen Tod. Auch über diesen?"[162]

Der „Vater danach" – „wenn sich dem Menschen die Verlassenheit einer Passion nicht soll wiederholen können"[163] – wäre nur noch mit jenem anderen Wort der *lingua aramaica* anzusprechen: *Abba* (Mk 14,36). Sollte Jesus „der Lehrer des Vatersagens zu Gott"[164] gewesen sein, jenseits der familialen Verwechselungsmöglichkeiten diese Anrede? Die hätte er mit *Eli* hinter sich gebracht als mit dem „Vater davor". Den Zeitgenossen Jesu

„soll, Philologen zufolge, die Anrede *Abba* zu respektlos vertraulich geklungen haben, als wenn heute einer übersetzte ‚Papa Gott' oder das ›Herrengebet‹ beginnen ließe mit ‚Papa unser'. [...] Die Polarität zwischen dem *Eli* und dem *Abba* muss stark empfunden worden sein, bevor die Urgemeinde das von Jesus sakralisierte *Abba* in ihre Gebetssprache übernahm. Damit hing zusammen, dass in der aramäischen Form auch die Suffixe der Possessivpronomina der ersten Person des Singular wie des Plural aufgegangen sind: Abba ist also das authentische erste Wort des ‚Herrengebets' gewesen, ob Jesus es für sich gesprochen oder es seine Jünger als deren gemeinsame Anrede an den gemeinsamen Vater gelehrt hatte. Überliefert ist es in der Gethsemane-Szene gespannter Vertraulichkeit mit dem Vater, der das, was da heraufkam, doch noch am Sohn vorübergehen lassen konnte."[165]

---

162 A.a.O., 251.

163 A.a.O., 70.

164 A.a.O., 8.

165 A.a.O., 200. Auf die Nähe der Verwendung des *Abba* zum Sprachmodus der Liebeserklärung sei nur hingewiesen, ebenso wie zur Nähe der Kindlichkeit u.a.

Die homiletische Pointe dieser beiden aramäischen Worte Jesu wird deutlich durch den Auftritt einer Frau. Unmittelbar vor der Passion Jesu von Nazaret verbindet sie, mit ihrer respektlos vertraulichen Liebesgeste zeichenhaft zur Klarheit drängend, die Anrede *Abba* vor der Passion mit der Anrede *Abba* nach der Passion.

„Es ist nicht nur die Reaktion des messianischen Männerbundes auf die Erhebung des Salbendienstes der Namenlosen ins Evangelium, nicht nur die Pedanterie der Almosenverwalter, die zu allen Zeiten wissen, wie das Geld besser angelegt werden kann – es ist die Verbindung von Salbung und Begräbnis mit der Hindeutung auf eine lange Zeit der Werbung und des Wartens, was diesen Augenblick so verhängnisvoll wirken lässt im Blick auf die Passion als die messianische Katastrophe, die sie werden sollte. Begraben werden würde dieser derart Vorgesalbte – das hieß: Nicht als König würde der Davidide triumphieren und zu Großen seines Reiches bestellen, die darauf Anwartschaft erworben hatten. Zwischen den anderen Jüngern und Judas besteht nur eine graduelle Differenz, und, wenn er bei Johannes der ‚Sohn des Verderbens‘ [...] heißt, ist er selbst die ‚Vergeudung‘ in Gestalt. Eben das, was sie alle missbilligt hatten: das Für-nichts eines Aufwandes. Judas war nur ein Exponent der messianischen Ungeduld. Er tut auf seine Weise, was die anderen auf ihre tun werden. Dazu gehört nicht nur der Schlaf des Verdrusses in Gethsemane, ihre Flucht nach der Gefangennahme, die dreifache Verleugnung des Petrus. Wie Judas das Blatt wenden will, indem er die Demonstration der Macht zu erzwingen sucht, werden es die anderen unter Vermeidung des Selbstmordes tun: sie werden retten, was zu retten ist. Aus den Verlorenen, auch ‚Söhne des Verderbens‘ auf ihre Art, werden sie hinter verschlossenen Türen die Vereinigung gründen, die in der theologischen Literatur unter Vermeidung von allzu viel Bestimmtheit die ‚nachösterliche Gemeinde‘ heißt und deren Produkt das ‚Kerygma‘ ist: der Verzicht auf das ‚Was‘ zur Kräftigung des ‚Dass‘. Denn ‚dass‘ alles so hatte kommen müssen

> zur Erfüllung der Schrift, wiegt alle Enttäuschung an dem auf, ‚was' faktisch geschehen war und wie die Vernichtung einer ganz anderen Erwartung aussah.[166] Die Besinnung auf das ‚Was' hieße, dass der Gott als ‚Vater danach' eben kein Gott von Demonstrationen der Macht ist, seine Logik ist das Für-nichts eines Aufwandes, er ist *Abba* und ‚kann nur lieben'."[167]

Wie das ‚Was' spricht und zugleich wirkt, zeigen die beiden anderen Worte in der *lingua aramaica* Jesu. Das Markusevangelium berichtet die Heilung eines Taubstummen. Jesus berührt seine Ohröffnungen mit den Fingern und seine Zunge mit Speichel; er blickt zum Himmel, seufzt und spricht: *„Ephphatha!* Tu dich auf!"* (Mk 7,34).

> „Man erinnere sich: Die Befehlssprache ist in der biblischen Schöpfungsgeschichte die eigentliche Herrensprache Gottes. Hier agiert ‚sein Wort' in dieser Sprachform so adäquat, dass der Evangelist uns diesen ungewöhnlichen ‚Ausbruch' der Herrennatur des Gottesknechtes glaubt, im Originalton der Verbwurzel ‚ptch' konservieren zu sollen."[168]

Ebenfalls in der genannten Befehlsform agiert Jesus bei der Auferweckung der Tochter des Synagogenvorstehers Jairus, die auch Markus überliefert. Als Jesus die schreienden Klagen über den Tod des Mädchens vernimmt, beschwichtigt

---

166 A. a. O., 167. Durch die Untersuchungen Blumenbergs zur Matthäuspassion zieht sich eine kritische Auseinandersetzung mit der Bultmann'schen Entmythologisierung bzw. seiner Theologie des Kerygmas, dessen Nähe und Unterschiede zu Bruno Latours Bultmann-Rezeption genauer untersucht zu werden verdiente.

167 Frère Roger, Dieu ne peut qu'aimer, Taizé 2001; vgl. Frère Alois, Pilger des Vertrauens: Taizé und der gemeinsame Weg in die Welt, Freiburg 2015, 12 ff.; ders., Vers de nouvelles Solidarités. Taizé aujourd'hui, Entretiens avec Marco Roncalli, Paris 2015, 75.

168 Blumenberg (Anm. 108), 201.

er zuerst die Situation, sie schlafe nur. Dann schickte er alle anwesenden Leute hinaus, berührte die Totgeglaubte und spricht sie an mit: *„Talitha kumi!* Mädchen, ich sage dir, steh auf!"* (Mk 5,41). Das Mädchen stand auf, ging umher, und Jesus sagte, man solle ihr zu essen geben. „Es ist eine Zwölf-jährige und *talitha* ist ein syrischer Diminutiv, verbunden mit dem hebräischen weiblichen Imperativ der Wurzel *kum*, die im Deutschen die Bedeutung von Aufwachen und Auf-stehen vereinigt."[169]

Hans Blumenberg stellt diese beiden authentischen Jesusworte unter die Begriffe Herrensprache und Befehls-form nebeneinander und weist auf den Zusammenhang der biblischen Schöpfungsgeschichte. Jesus, ‚sein Wort', agiert hier im Sprachmodus der *creatio*.

Dem entscheidenden homiletischen Punkt dieser beiden aramäischen Worte Jesu, dem Sprachmodus der *creatio*, fügt Blumenberg noch eine wesentliche Konkretion hinzu. In sei-nem letzten Brief vom 26. Februar 1996 kommt er auf die Auferweckung der Tochter des Jairus zurück:

„Das Erweckungswunder des Petrus in Joppe (vgl. Apg 9,40) erfolgt mit den – natürlich auf Griechisch von Lukas berich-teten Worten – ‚Tabita, stehe auf!'. Es ist auch theologisch wichtig, dass Petrus hier Jesus ‚parodiert' (würde ich sagen), zitiert (würde der Philologe sagen), ‚nachahmt' (würde der Leser der ‚Imitation' sagen). Denn die Formel ist bei Markus 5,41 wörtlich vorgegeben für das Wunder an der Tochter des Synagogenvorstehers Jairus: *talithà kûm(i)*, was Markus über-setzt und zum Imperativ ‚ich sage dir' verstärkt und was Lu-ther unvergesslich schön übersetzt: *und das ist verdolmetscht: Mägdlein, ich sage dir, stehe auf!* Ich habe in der ‚Matthäus-passion' (S. 201) darauf Gewicht gelegt, dass dies eins der nur vier Worte Jesu ist, die wir in der authentischen Sprache

---

169 Ebd.

besitzen, und ich gehe wohl nicht fehl in der Annahme, dass dies hier geschieht, weil der Spruch in frühe ‚Rituale' für die Erweckungspraxis der Jünger eingegangen war, die in den Apokryphen zur ‚Demonstration' von Macht ausgewuchert ist – während Jesus das Wunder verborgen wissen will, dem ‚Obersten der Schule' (so Luther für Jairus) und seinem Weib wie den mitgenommenen Dreien Stillschweigen befiehlt.

Für den ‚Realismus', der immer mit der Alternative ‚Nahrung oder Nichtnahrung' verbunden ist […], ist hier ein zu wenig beachtetes Zeugnis im Vers 43: ‚und sagte, sie sollten ihr zu essen geben'. Das kehrt als Stigma beim Auferstandenen wieder: auch er war tot und nun isst er wieder. Natürlich kennen alle diese liturgische Perikope gut, aber die Exegeten haben wenig Sinn für kleinere und größere ‚Kontexte', ihnen ist wichtiger (wie z.B. Aland), ob das ‚kum(i)' einen aramaisierten mesopotamischen Hintergrund hat. Das Missverständnis in Ap.lo.cit., wo aus dem Mägdlein (*talitha*) ein Name geworden ist: *tabita* (bei Luther heißt sie ‚Tabea', sogar gegen die Einheitsbibel von 79) mit der Übersetzung ‚Reh', aber *dorkás* in den griech. Lexika und auch bei Bauer/Aland doch schöner die ‚Gazelle', die wohl ‚umweltgemäßer' ist. Petrus treibt zwar auch alle hinaus und fällt sogar auf die Knie, doch der Missionserfolg in Joppe war gewaltig – und diesmal bekommt die wohl schon etwas älter als zwölfjährige Schneiderin(?), die übrigens schon (getaufte?) Christin war, nichts zu essen. Man muss aber auch dies im Kontext lesen: schon im nächsten Kapitel leistet und erfährt Petrus Großes, wo er sich auf Jesu Teufelsaustreibungen beruft, auf die eigene Zeugenschaft zumal für das ‚Essen und Trinken' mit dem (folglich) real ‚von Gott Auferweckten' (nicht selbstmächtig Auferstandenen).“[170]

In der Lesart von Hans Blumenberg wird Sprache schöpferisch, d. h. wirksam, wenn sie aus zwei Gesten zusammenge-

---

170   „Und das ist mir von der Liebe zur Kirche geblieben …“. Hans Blumenbergs letzter Brief: Mit einem Nachwort von Uwe Wolff, in: Communio. Internationale katholische Zeitschrift, 43. Jahrgang, Mai Juni 2014, 175 f. Diesen Hinweis verdanke ich Pater Elmar Salmann OSB.

setzt wird: der *creatio* (Öffne Dich!) und der *resurrectio* als *creatio nova* (Steh auf! Wach auf!). Etwas muss geöffnet und in Bewegung gebracht werden, um zu wirken. Die Wirkung vollzieht sich im Kleinen (das jesuanische Gegenteil jeglicher Demonstration von Macht) und ganz real: Gebt ihr zu essen!

P. S.

Als die Matthäuspassion von Johann Sebastian Bach dreißig Jahre nach der Staatsgründung zum ersten Mal in Israel aufgeführt wurde, hat ein prominenter Mann gefragt, was denn passiert wäre, wenn Pilatus auf Geheiß des Volkes den Barabbas gekreuzigt hätte. Hans Blumenberg greift diese Frage auf. Sie sei eine der weisesten Fragen und viel zu selten gestellt.

> „Hier liegt ein Geheimnis, das mit dem *Abba*-Namen eng zusammenhängt. ‚Barabbas' ist gar kein Name, sondern die authentische Selbstbezeichnung Jesu als ‚Sohn des Vaters', *lingua aramaica: Bar-abbas*. Das passt zur Geschichte des Einzugs in Jerusalem und der Huldigung für den Sohn Davids als König der Juden. Diesen ‚Sohn des Vaters' hatte die erregte Volksmenge gegen den Willen des Hohen Rates freigegeben sehen wollen. Dafür hatten sie vor dem Vertreter der Besatzungsmacht demonstriert, der es nicht wagte, dem Druck des Volkes nachzugeben und sich die zu Feinden zu machen, die er zur Machtausübung brauchte. Das Volk, die ‚Turba', war bei dem geblieben, was sie beim Einzug in Jerusalem gezeigt und was die Priesterschaft zum Handeln getrieben hatte.

> Das Volk hatte in seiner Sprache geschrien. Die Evangelisten Matthäus und Johannes, die den vermeintlichen Namen überliefern, haben es nicht mehr verstanden oder wollten es anders verstanden wissen. So wurde der Raubmörder Bar-

abbas als der Andere erfunden und das Gottesvolk zum mörderischen Mob gemacht, der seinen König verriet."[171]

Zittert hier das, was später die konstantinische Versuchung gewesen sein wird, bereits in der Passionsüberlieferung? *Bar-abbas* durfte als König nur tot sein, aber er durfte als Einziger die vertraute Anrede des Einen mit *Abba* als ein Privileg übertragen[172] an die armen, echten Menschen, die sich schlugen, um ihre Herrn zu stürzen, ohne aber deswegen ihre Plätze einnehmen zu wollen. Sie sind *Bar-abbas* und *Bath-abbas*.

171 Blumenberg (Anm. 108), 202.

172 Vgl. a. a. O., 203.

X. Fragmente einer experimentellen Homiletik

Cicero und die intelligible Kugel

Paris. Ostern 1294. Der junge Dominikanermönch Eckhart ist Dozent an der Universität in Paris. Zu Beginn des Semesters 1293/94 hatte er einen Vortrag zur Einleitung seines Kommentars über die berühmten Sentenzen des Petrus Lombardus gehalten und sich darin nicht lange bei den üblichen Schulweisheiten aufgehalten, sondern direkt zu Beginn Bibelauslegung mit Naturforschung kombiniert und überragende Wissenschaftler anderer Religion zu Worte kommen lassen: den arabischen Astronomen Alfraganus und den jüdischen Gelehrten Moses Maimonides.

Ostern beginnt Eckhart seine Predigt über den ersten Korintherbrief des Paulus: „Christus ist als Osterlamm geschlachtet. So lasst uns denn ein Mahl halten" (5,7), ähnlich spektakulär. Nachdem er erklärt hatte, dass mit dem Mahl in Paulus' Text das Abendmahl dieses Ostergottesdienstes gemeint sei, zitiert er Cicero als den Rhetoriker, den Augustinus immer empfohlen habe. Cicero hält unter den Kriterien einer guten Rede fest, „dass Unerwartetes, Unglaubliches und Ungewohntes die Hörer am meisten fasziniere"[173]. Eine Rede müsse „den Hörer direkt betreffen – *tua res agitur* –; sie muss Unglaubliches, also Wunderbares enthalten; sie muss Neues, also Ungewohntes sagen". Sie muss etwas Großes ansprechen, was über die Natur hinausgeht.[174]

---

173 KURT FLASCH (Hg.), Was ist Gott? Das Buch der 24 Philosophen, München ²2011, 98 f.

174 Vgl. DERS., Meister Eckhart. Philosoph des Christentums, München 2012, 69.

Und eben dies geschehe jetzt in der „österliche[n] Aufforderung, ein Freudenmahl zu halten. Denn hier werde uns Gott, die ‚unbegreifliche intelligible Kugel', *sphaera intelligibilis et incomprehensibilis*, deren Zentrum überall und deren Peripherie nirgends ist, in der Form des Brotes als Speise angeboten"[175].

Mit seiner Gottesbeschreibung griff Eckhart auf die zweite Definition der vierundzwanzig Philosophen zurück, auf jenen geheimnisvollen Text, der wahrscheinlich aus dem 12. Jahrhundert stammt und einer der wirkungsvollsten philosophischen Texte des Mittelalters ist.

> „*Deus est sphaera infinita cuius centrum est ubique, circumferencia nusquam.*
> Gott ist die unendliche Kugel, deren Mittelpunkt überall und deren Umfang nirgends ist."[176]

Ohne sich in den spekulativen Interpretationsmöglichkeiten dieses Satzes zu verlieren, stellt Eckhart in seiner Osterpredigt „das Abendmahl dar als die ideale Erfüllung der rhetorischen Regeln Ciceros wegen der staunenerregenden unbegreiflichen Präsenz der unendlichen Einheit in einem Stück Brot"[177]. Dieser älteste erhaltene Text von Meister Eckhart ist ein brillantes Zeugnis experimenteller Homiletik, die rhetorische Theorie und gottesdienstliche Praxis für einen Moment zusammenfallen lässt. – Als der amerikanische Komponist John Cage im Jahre 1982 von jungen Komponisten nach einer Empfehlung gefragt wurde, antwortete er ihnen: „Meister Eckhart lesen!" Für junge Predigende sollte man ergänzend hinzufügen: John Cage hören.

---

175 FLASCH (Anm. 173), 99.
176 A. a. O., 29.
177 Ebd.

Elachistos

Dramaturgische Homiletik nach Motiven von Paulus, Pasolini, Taubes, Müller u. a.

I.

PAULUS: Ich spreche zu Menschen, die mir unbekannt sind.
Das Ende tritt nicht ein. Niemand erbarmt sich unser.

Paulus weint.

ENGEL: Warum weinen Sie? Sind Sie barmherziger als Gott?

PAULUS: Weshalb sind wir geboren worden?

Eine Zeit vergeht.

ENGEL: Warum weinst du? Bist du barmherziger als Gott?

PAULUS: Wäre es besser für uns, wenn wir nicht geboren
wären, wir alle, die wir Sünder sind?

*Projektion des hingerichteten Pier Paolo Pasolini. Laute Auto-
geräusche. Wild umherleuchtende Autoscheinwerfer.*

STIMME: Warum verfolgst du mich?

Dunkel.

PAULUS: Wer bist du?

STIMME: Ich war Jesus, den Du verfolgst.

PAULUS: Wer bist du?

STIMME: Fass mich nicht an!

Licht. Eine Zeit vergeht.

ENGEL: Sind Sie Paulus?

PAULUS: Ja, aber das Rezept ist auf Jacob Taubes ausgestellt.

Musik.

II.

PAULUS: Ich war Paulus aus Tarsus in Zilizien, beschnitten am achten Tag, aus dem Volk Israel vom Stamme Benjamin, hebräischer Sohn von Hebräern, ausgesondert als Pharisäer nach dem jüdischen Gesetz, zum Schutz des Gesetzes vor den Nichtjuden.

ENGEL: Wer bist du?

PAULUS: Ich habe mit großem Eifer bei Gamaliel studiert. Ich habe Männer und Frauen verfolgt, gefesselt und in Gefängnisse eingeliefert, gesteinigt und töten lassen ... Im lo ak shaf e matai ...

ENGEL: Bist du Paulus?

PAULUS: Ich bin Zeltmacher von Beruf und Bürger Roms.

Engel: Du bist Paulus?

Paulus: Ich habe Kallimachos gelesen und Euripides: Helena vor allem, über die Auferstehung, Anastasis ...

Engel: Du bist also Paulus?

Paulus: Mit meiner Identität ist es ganz einfach: Ich habe einen Pass der derzeit militärisch stärksten Nation der Welt. Ich habe aschblondes Haar und trage keinen Bart mehr, seit ich von der Universität zurück bin.

Engel: Deine sehr leise Stimme klingt rebellisch bei einigen Konsonanten.

Projektion des hingerichteten Pier Paolo Pasolini. Laute Autogeräusche. Wild umherleuchtende Autoscheinwerfer.

Dunkel.

Stimme: Wer bist du?

Licht.

Paulus: Paulus servus Jesu Christi, vocatus apostolus, segregatus in evangelium Dei.

Engel: Das ist aber nicht Griechisch!

Paulus: Nein: Paulos doulos christou iesou, kletos apostolos aphorismenos eis euangellion theou.

Engel: Das ist doch nicht Griechisch, das ist Jiddisch!

Paulus: Ja eben, darum versteh ich's ja auch: Paulus, Sklave des Jesus Messias, berufen zum Apostel, ausgesondert für das Evangelium Gottes. Ouk eimi hikanós kaleísthai apostólos – ich bin nicht wert, Apostel genannt zu werden, also besser: Paulus, zum Sklaven des Messias Jesus berufen, als Apostel ausgesondert für die Verkündigung Gottes.

Engel: Du bist also Paulus?

Paulus: Eláchistos, der Kleinste, der Geringste, ja. Ich werde Paulus gerufen, aber ich bin es nur, wie man sein Spitzname ist. Ich bin, der ich bin, der Kleinste.

Engel: Du bist ein Narr.

Musik.

III.

Paulus: Ich bin Paulus, aber ich kannte die anderen nicht ... Oft geschieht es, dass ich mich nach vorn werfe, wie das Meer auf den Strand. Aber ich kann es noch nicht. Ich werfe mich nach vorn. Komme zurück und werfe mich von neuem vor. Meine Anstrengung wächst. Zeit ist Frist, aber das Ende tritt nicht ein ...

Projektion des hingerichteten Pier Paolo Pasolini. Laute Autogeräusche. Wild umherleuchtende Autoscheinwerfer.

Dunkel.

Stimme: Wer bist du?

Paulus: Wo bist du?

Stimme: Ist das die Sprache, in der Wahnsinn, Skandal und Schwäche an die Stelle der erkennenden Vernunft treten?

Paulus: Wo bist du? Die Welt ist nicht untergegangen.

Stimme: Ist das die Sprache, in der Wahnsinn, Skandal und Schwäche an die Stelle von Ordnung und Macht treten?

Paulus: Wo bist du? Die Welt ist nicht untergegangen. Vorausgesetzt, dies hier ist keine andere Welt.

Stimme: Ist das die Sprache, in der das Nichtsein die einzig glaubhafte Bestätigung des Seins ist?

Paulus: Ich bin nicht Paulus. Ich spiele keine Rolle mehr. Ich spiele nicht mehr mit.

Licht.
Eine Zeit vergeht.

IV.

Paulus: Ich war Paulus, den Griechen ein Grieche, den Juden ein Jude, den Schwachen ein Schwacher. Ich lebe, aber nicht mehr ich, sondern Christus in mir: Da ist nicht mehr Jude noch Grieche, nicht Sklave noch Freier, nicht Mann noch Frau. Ich bin allen alles geworden: hoc est enim corpus meum.

Engel: Eine Kraft des Vergangenen, moderner als die modernsten.

Plötzlich Sturm, Brandung.

Paulus: Wer bist Du?

Stimme: Ich war Jesus, den das Grab nicht behalten hat.

Paulus: Was?

Stimme: Ich bin die Kraft des Vergangenen, moderner als die modernsten.

Stille. Eine Zeit vergeht.

V.

Paulus: Ich war Paulus. Ich stand an der Küste und redete mit der Brandung. Der Morgen findet nicht mehr statt. Ich gehe auf die Straße, gekleidet in dein Blut. O löste dieses allzu feste Fleisch sich auf und schmölze weg in einen Tau!

Engel: Willst du mein Herz essen?

Paulus: Ich wusste, dass du ein Schauspieler bist.

Engel: Lass mich dein Herz essen, das meine Tränen weint.

Paulus: Etwas wie Heiterkeit breitet sich in mir aus.

Engel: Eine Form, die denkt. Ein Gedanke, der formt.

Paulus: Er wird mir entgegenkommen mit meinem Gesicht aus Schnee.

Engel: Auf deinen Lippen Schnee.

Immer heller werdendes, gleißendes Licht, plötzlich Dunkel.

Or movi – Jetzt geh

„Jetzt geh und hilf ihm mit deiner schönen Sprache und mit allem, was er zum Weiterkommen braucht, so dass ich darüber beruhigt sein kann."[178]

Diese Worte, die Beatrice im zweiten *canto* der *Divina Commedia* von Dante dem römischen Dichter Vergil zuspricht, als Dante – der Jenseitswanderer – zweifelt, ob er den unbekannten gefährlichen Weg wirklich einschlagen soll, können als homiletische Imperative gelesen werden.

Dazu muss man weder Beatrice in den Himmel erheben, wie es Dante tat, noch die Predigt zur *Homilia* allegorisieren oder ihre Rolle übersteigern. Es genügt fürs Erste, Tore zu durchschreiten und sich dazu auch unkonventionellen Begleitern anzuvertrauen. Diese Tore markieren, wie exemplarisch in Dantes Werk, Übergänge in andere Welten, Passagen. An ihnen stehen wilde Tiere: ein Leopard, ein Löwe und eine Wölfin. Oft tragen sie vielfältige und sich wandelnde Gestalten und Namen wie Angst, Loyalität oder Richtigkeit. An denen muss man vorbei!

Diejenigen, die davor zurückschrecken, derartige Tore zu durchschreiten, wachsen in ihrer Unwissenheit und bleiben in Flammen eingeschlossen vor den Toren zurück, zur Unbeweglichkeit verdammt. William Blake hat diese unwissenden Riesen eindrucksvoll auf der zweiten Tafel seiner Zeichnungen zu Dantes Göttlicher Komödie ins Bild gesetzt.[179] Schon dieser Visionär wusste, dass Dante nicht unbedingt

---

178 Dante Alighieri, Commedia. In deutscher Prosa von Kurt Flasch, Frankfurt a. M. 2013, 16.

179 William Blake, Die Zeichnungen zu Dantes Göttlicher Komödie, Köln 2014, 58.59.

von einer mythologischen Hölle schrieb, sondern als „Dichter der irdischen Welt" (Erich Auerbach) gelesen werden konnte.

„Deine schöne Sprache" in Dantes *Divina Commedia* führt uns zum zweiten homiletischen Imperativ, dem Erfinden einer eigenen Sprache. Dieser Imperativ wirft einen Blick auf die Vorgeschichte des reformatorischen Impulses von Martin Luther, dass auf Deutsch, also in der jeweiligen Landessprache, *volgare*, gepredigt und auch die Bibel gelesen werden solle. Oft ist diese Vorgeschichte vergessen.

Die Literaturen entwickelten sich in unterschiedlichen Geschwindigkeiten aus dem Spätlateinischen heraus. Um 1300 jedoch veränderte sich die Lage.

„Das Anwachsen der Städte, die Diskussionen der kommunalen Politik, das Selbstbewusstsein und die rechtlichen Ansprüche von Kaufleuten, Bankiers und Handwerkern, eine neue Sensibilität für eigene, individuelle Gefühle, vor allem der Liebe drängten zu einer Neubewertung des Volgare. Die von den Dichtern besungenen Geliebten verstanden kein Latein. Wollten Liebeslyriker verstanden werden, mussten sie [z. B.] im italienischen Dialekt schreiben. Die eigene, die ‚natürliche‘ Sprache drängte vor in bisher dem Lateinischen zugeeignete Felder: des Gerichtswesens, der Religion, der Theologie, der Philosophie und der Wissenschaften. Dieser Prozess lief in mehreren Sprachgebieten fast gleichzeitig: Raimundus Lullus (gest. 1316) bewirkte ihn fürs Katalanische wie Meister Eckhart (gest. 1328) fürs Deutsche, Dante (gest. 1321) fürs Italienische. Ihre Voraussetzungen waren verschieden, aber gemeinsam forderten sie: Sie wollten dem Stadtpublikum, das vernünftige Erklärungen verlangte, die Wahrheit des Christentums zeigen. Das Volgare, das sie vorfanden, war nicht dazu ausreichend, aber die es sprachen drängten, weil sie sich ausdrücken und die Bildungswelt aneignen wollten. So wuchs ihr ausgreifender Impuls. Ein Laienpublikum mit neuen Ansprüchen und aus aufsteigenden sozialen Schichten war entstan-

den, das kaum Lateinisch sprach. Die genannten Autoren grif-
fen die Volkssprache auf und schufen sie um. Dadurch haben
sie eine neue Sprache für große Themen erschlossen."[180]

Vor allem für den deutschen Sprachraum erhielt diese Entwicklung jedoch am 27. März 1329 eine dramatische Zäsur:
Papst Johannes XXII. verurteilte Meister Eckhart. Angesichts
dessen, dass von Meister Eckhart nur wenige lateinische
Schriften erhalten sind, traf seine Verurteilung in ihrer Wirkung vor allem seine deutschen Schriften und damit seine
sprachlichen Impulse. Sie hatten offenbar einem „geschicht-
lichen Bedürfnis entsprochen und waren auch nur schwer
kontrollierbar. In der Welt der lateinisch lehrenden Universität wirkte die Verurteilung Eckharts durchgreifend."[181] Der
Schock hatte nicht nur sprachliche Gründe und war doch
untrennbar mit ihnen verbunden.

Eckharts deutsche Texte waren meist Predigten, und sie
sprachen eine andere, neue Sprache. Seine

„Predigten drückten eine neue, nicht mehr hierarchisch fixierte Sichtweise aus, die Stadtbürger und Frauen als die ihren
anerkennen konnten. Gleichzeitig mit Dante und Lull erklärte ihnen Eckhart, dass Adel nicht an Blut, Familienbesitz und
feudales Lebensgefühl gebunden sei; es lag jetzt an jedem
selbst, ob er ‚edel' war. Eckhart radikalisierte die Armutsidee,
um einer neuen Autonomie zu Wort und Realität zu verhel-
fen: Der Mensch soll verzichten, nicht nur auf Macht und Geld,
nicht nur auf kollektives und privates Eigentum, sondern auf
alle die äußeren Rücksichten, auf Herkommen und Ansehen,
aber auch auf gegenseitige Belohnung. Er soll nicht um Loh-
nes, aber auch nicht um Gottes willen tun, was er tut. Er soll

---

180 Kurt Flasch, Einladung, Dante zu lesen, Frankfurt a. M. 2011, 289 f.

181 Ders., Das philosophische Denken im Mittelalter. Von Augustin zu Ma-
chiavelli, Stuttgart 2013, 481.

alles lassen, die Welt, sich und Gott. Alle gegenständlichen Fixierungen, zu denen auch die ‚Tugend‘, das eigene Ich und der jenseitige Gott gehörten, soll er fallen lassen, damit er lebe. ‚Leben‘ heißt aristotelisch: sich aus sich selbst bewegen, sein Ziel in sich selbst haben. ‚Leben‘ heißt: aus einheitlichem Grund handeln; Leben ist von Leben nicht verschieden. Wer diese ‚Armut‘ realisiert, findet ‚Gelassenheit‘: Die Mittel-Zweck-Konstruktionen verlieren an Lebensbedeutung: Die technokratische Selbststilisierung endet. Ich wirke ohne Warum.“[182]

Seit der Verurteilung Meister Eckharts war ein Bruch in die Verwendung der Volkssprachen getreten. Man zog sich in die Sicherheit des Lateinischen zurück. Bis hin zu Erasmus von Rotterdam und seine Auseinandersetzungen mit Martin Luther hielt sich der Schock: Die Subtilität des Lateinischen würde sich nicht ins Deutsche übertragen lassen. Erst Luther setzte sich sprachmächtig über diese Bedenken hinweg. Jede/r sollte lesen und verstehen können! Hierzu musste eine *sermo humilis* (Erich Auerbach)[183] erfunden werden, wie Dante es in seiner *Commedia* tat und Eckhart in seinen deutschen Predigten.

Der dritte homiletische Imperativ, der sich aus dem Spruch, den Dante am Eingang zur Hölle Beatrice in den Mund legt, ableiten lässt, hat mit dem „Weiterkommen“ zu tun. Und

---

182 A. a. O., 482. Vgl. zum aristotelischen Hintergrund und deren Verbindung zu Gedanken der Entwerkung (s. o.) Giorgio Agamben, Die Tätigkeit des Menschen, in: Die Macht des Denkens. Gesammelte Essays, Frankfurt a. M. 2013, 413–427.

183 Vgl. Auerbach-Alphabeth. Karlheinz (Carlo) Brack zum 70. Geburtstag, Trajekte. Zeitschrift des Zentrums für Literaturforschung Berlin, Sonderheft 2004; Kurt Flasch, Einladung, Dante zu lesen, Frankfurt a. M. 2015, 307; vgl. auch das Konzept der *langue mineur*, in: Gilles Deleuze/Felix Guattari, Kafka. Pour une Littérature mineure, Paris, 1975.

zwar im Sinne vom Überwinden und Unterwandern von Loyalitäten und Parteiungen.

Dante begegnet in Laufe seiner Wanderung vielen verschiedenen Gestalten aus allen Bereichen des Lebens und der Geschichte. Er ordnet sie ein in seinen Entwurf von Hölle, Purgatorium und Paradies. Dante autorisiert sich literarisch dazu, indem er seine Mission als dritter Jenseitswanderer nach Aeneas und Paulus wenn auch zögernd (es bedarf unseres Verses) akzeptiert. Schließlich lässt er sich vom Apostel Petrus selbst approbieren.

Doch Dante versieht nicht nur mit Strafen, indem er Plätze in Höllenkreisen anweist. Er erfindet Gerechtigkeit, die in der historischen Realität nicht zustande kam. So fanden sich historisch umstrittene und ketzerverdächtige Figuren wie Siger von Brabant und Joachim von Fiore nicht nur im Paradies wieder, sondern wurden von ihren historischen Gegnern gelobt. Um nur diese zwei Beispiele zu skizzieren: Thomas von Aquin lobt Siger von Brabant, den er auf Erden scharf angegriffen hatte, als jemanden, der in seinen Vorlesungen „vielbeneidete Wahrheiten erschloss"[184]. Bonaventura erklärt den „kalabresischen Abt Joachim, begabt mit prophetischem Geist"[185], was er ihm zu Lebzeiten heftig bestritt.

Doch stößt das Überwinden und Unterwandern von Loyalitäten und Parteiungen immer wieder auf Grenzen, die auch immer von Neuem zu erweitern sind. Für Dante selbst blieben sie schmerzlich mit der Frage verbunden, ob die edlen Heiden wirklich verdammt sind. Diese Frage betraf keinen anderen so direkt wie den, der von Beatrice folgenden Auftrag erhielt:

---

184 DANTE (Anm. 178), 363.
185 A. a. O., 372.

„Jetzt geh und hilf ihm mit deiner schönen Sprache und mit allem, was er zum Weiterkommen braucht, so dass ich darüber beruhigt sein kann" – nämlich dem römischen Dichter Vergil.

Lacrymae Christi

1.

In seinem Buch „Phasmes" erzählt Georges Didi-Huberman
die Geschichte eines chassidischen Rabbi – es ist nicht einmal klar, um welchen Rabbi es sich handelt, was im Sinne
einer allgemeinen Gültigkeit verstanden werden soll –, bei
der es wesentlich um Tränen geht. Und dies in einem exemplarisch homiletischen Sinne:
   Jeden Abend schrieb der Rabbi also eine Seite. Diese Seite
sollte seinem Wunsch nach vollkommen sein. An jedem folgenden Morgen las er diese Seite erneut und vergoss Tränen
über sie, „so dass sie unter seinen Augen unlesbar wurde, bis
das Blatt mit seinen im Strom der Tränen ertränkten Schrift-
zeichen einem toten Meer glich. Und ich stelle mir vor, dass
er, wenn der Abend kam, wieder dasselbe, kaum wieder tro-
cken gewordene Blatt nahm, um erneut zu versuchen, der
Wahrheit Ausdruck zu schenken."[186]
   Ob zu vollkommen oder zu mangelhaft: Das Geschenk der
Tränen führt den Schreibenden immer wieder zurück in den
Zustand eines Verlangens.

2.

Im frühen Christentum wurden Tränen aufgewertet, d.h. sie
traten heraus aus den antiken Klageritualen, wie sie in jüdischen und griechischen Zusammenhängen praktiziert wurden. Damit individualisierte sich die „Ausdrucksgebärde"
der Tränen. „Die wichtigste Quelle für die christliche Tränen-

---

186 GEORGES DIDI-HUBERMAN, Phasmes, Köln 2001, 171.

kultur sind die *Apophthegma Patrum* (die Sprüchesammlung der sogenannten ägyptischen Wüstenväter des 4. und 5. Jahrhunderts). Der in diesem Kontext entwickelte Kult der *gratia lacrymarum* (Tränengabe) meint eine göttliche Gabe oder Gnade, für deren Erlangung die Fähigkeit exzessiven Weinens ausgebildet werden muss. Gabe ist also im doppelten Sinne zu verstehen: als Gnade und als Vermögen, als *charisma* und *habitus*." Ein wichtiges Element dieser Tränengabe ist das „Bußweinen (*penthos*)", das „als Nachvollzug des Erlösungsgeschehens verstanden und in eremitischer Einsamkeit praktiziert wurde".

Vergleichbares ist „in der Westkirche erst im Mittelalter entstanden" und hat beispielsweise die „Tränentheoretikerin Caterina von Siena" hervorgebracht. „Doch erst außerhalb der monastischen Welt wurde diese Tränenkultur zum Medium der Ausbildung eines *corpus communis*, der sich mit Hilfe von Rhetorik und Ikonographie der *compassio* formierte", nämlich in Passionsspielen, Passionsmusiken und Passionsbildern. Nun wurden Tränen als „Passionsformeln" direkt – auf Bildern – oder indirekt – in der Erregung von Stimme und Gebärde – auch in der Öffentlichkeit sichtbar.[187]

3.

Einer Legende nach weinte Christus über den Fall Luzifers, als er in der Bucht von Neapel ein Stück gestohlenen Himmels fand. Christi Tränen fielen auf die Erde und benetzten die Hänge des Vesuv. Der Wein, der dort wächst, trägt seither ihren Namen: *lacrymae Christi*.

---

187 Sigrid Weigel, Grammatologie der Bilder, Berlin 2015, 197 f.

4.

In der Moderne tritt an die Stelle der Theodizee als deren Umkehrung die *Algodizee*, die metaphysische Interpretation des Schmerzes als Antwort auf die Frage: Wie halten wir den Schmerz überhaupt noch aus?[188] Wie immer man den metaphysischen Horizont dieser Frage beurteilt, liegt in ihr eine weitreichende politische Herausforderung: Respekt vor den Schmerzen der anderen. Die homiletische Pointe dieser Überlegung besteht darin, in den Schmerzen der anderen die Tränen Christi zu entdecken.

---

188 Vgl. PETER SLOTERDIJK, Der Denker auf der Bühne. Nietzsches Materialismus, Frankfurt a. M. 1986, 159.

XI. *inventions fidèles* – Bibellektüren

Er ist nicht hier

Nicht ohne Grund nannte Bruno Latour sein Buch über die Qualen der religiösen Rede „Jubilieren". Wer einmal seinen Überlegungen folgend das Prinzip der religiösen Rede als *invention fidèle* erkannt hat, bricht in Jubel aus.

Dabei macht es Bruno Latour seinen Lesern nicht leicht. Einigen Unterscheidungen gilt es wider die Gewohnheit zu folgen, bis man beim Kapitel über die „wahrheitsgetreue Erfindung" angelandet ist. Wiederholt kommt Latour auf eine bildnerische Erfindung des dominikanischen Malermönches Fra Angelico zurück. Sie gilt ihm als beispielgebend.

Wer jemals das Kloster San Marco in Florenz besucht hat und die Wege der Mönche den Bildern des Fra Angelico folgend gegangen ist, kann sich ihrer Faszination kaum entziehen. Sie setzt sich direkt fort in Studien wie der von Georges Didi-Huberman,[189] der die Bilder lesend Welten des Denkens eröffnet, die vielleicht ohne Absicht auch Welten des Glaubens aufschließen.

Ist es doch der Malerei Fra Angelicos zu verdanken, direkt in eine Schlüsselszene des Evangeliums hineinsehen zu können. Es geht um die Episode des leeren Grabes. Sie befindet sich in der achten Zelle auf dem oberen Flur im östlichen Korridor an der äußeren Wand.[190] Was sieht man dort? „Die

---

189 GEORGES DIDI-HUBERMAN, Fra Angelico. Unähnlichkeit und Figuration, München 1995.

190 Vgl. MAGNOLIA SCUDIERI, The frescoes by Angelico at San Marco, Florenz 2004, 62 ff.

heiligen Frauen kommen am Grab an, sehen aber nichts, es ist leer; ein Engel sitzt da, weist mit einer Hand in das leere Grab und mit einem Finger der anderen auf die Erscheinung des auferstandenen Christus, der die Märtyrerpalme und das Heilsbanner trägt – aber diese Erscheinung können die Frauen nicht sehen, weil sei ihr den Rücken kehren. ‚Er ist nicht hier', sagt der Engel auf dem Spruchband. Wo ist er also?"[191] Und Bruno Latour entdeckt einen betenden Mönch am linken unteren Rande des Bildes. Der Mönch erscheint ihm zur Hälfte im Profil wie an die Wand projiziert. So als stünde die eine Hälfte auf dem Boden der Zelle, auf dem auch der Zuschauer steht, und die andere halb im Bild. Er schaut mit gesenktem Blick an der Szene vorbei. Und Latour erkennt, dass diese Gestalt des betenden Mönches ihm als Zuschauer den „Übergang" erleichtert. Auf dem Bild sieht keiner „unmittelbar": die Frauen nicht, der Engel nicht, der Mönch nicht und auch der Zuschauer nicht. Der allerdings ist „der einzige, der hinter allen die gemalte Erscheinung Christi sieht. Aber die ist nur gemalt – ein feiner fragiler Film von Pigmenten".

Was sieht der Zuschauer also? „Was sehe ich?", fragt sich Latour.

> „Auch hier ereignet sich nichts, was es zu erfassen gäbe. Der Finger des Engels zeigt es mir: ‚Er ist nicht mehr hier, er ist nicht mehr in diesem toten Fresko, in dieser Zelle, die so kühl ist wie ein Grab.' Ich war ein wenig verloren: Es gab nichts zu sehen. Ich bin erlöst: Ich verstehe den Sinn dieser Episode. ‚Er war tot, er ist auferstanden': Nicht dort in der Vergangenheit ist der Sinn zu suchen, sondern jetzt, für mich, hier."[192]

---

191 LATOUR (Anm. 72), 152.
192 A. a. O., 153.

Das Bild repräsentiert also vieles, die Szene vom leeren Grab, die dominikanische Spiritualität des Quattrocento, die malerische Meisterschaft Fra Angelicos, die konservatorische Leistung des Museums, das dies Kloster heute ist usw. Das Entscheidende aber ist:

> „Dem legendären Bericht (im Sinne einer Erfindung) ist eine weitere Legende (im Sinne einer Gebrauchsanweisung) hinzugefügt. In das Thema ist etwas eingelassen, was mit ihm bricht, es kompliziert, verwandelt, verklärt, unähnlich macht, jedem gewöhnlichen Gebrauch, jedem ästhetischen, gelehrten, informierten, historischen Konsens entzieht. Durch eine Reihe winziger Erfindungen, kleinster Deplatzierungen, visueller Nachhilfen, Malspuren reinterpretiert das Fresko den Text, der sich seinerseits aus anderen Erfindungen, Elaborationen, Unwahrscheinlichkeiten, Interpolationen, Seltsamkeiten zusammensetzt, die beide – der Text, der Berichte aufnimmt, und das Fresko, das ihn veranschaulicht – dazu befähigt, etwas ganz anderes zu bezeichnen, als sie explizit behaupten."[193]

Die eine Art, das Verb ‚repräsentieren' zu verstehen, ist objektzentriert, grammatisch gesagt transitiv: Sie repräsentiert etwas und lässt zahlreiche Objektergänzungen zu. Die andere Art, und das ist die erfinderische, also homiletisch relevante, ist ohne Objektergänzung gedacht, grammatisch gesagt intransitiv:

> „Sie *macht wieder präsent* und damit verwandelt sich die Geschichte, die mir auf den ersten Blick, beim Betreten der Zelle, zeitlich und räumlich unendlich entfernt schien. Wenn aber der Gegenstand des Freskos nicht hier ist, im Grab, und wenn er auch nicht entfernt ist, in der Vergangenheit, dann ist er

---

193   A. a. O., 154.

präsent, von neuem hier, vor meinen Augen. Endlich sehe ich klar, und was ich sehe, ist nicht leer, sondern erfüllt."[194]

Invention fidèle: jubilate Deo, omnes terra ...

---

194 A. a. O., 154 f.

Psalms

Dietrich Bonhoeffer schrieb über die Psalmen im Zusammenhang von „Gemeinsames Leben". Er befindet sich damit in einer langen Tradition von Psalmbetern; und doch ahnt er nicht, wie sehr seine Intuitionen aus dem Gefängnis (Arkandisziplin und nichtreligiöse Interpretation) die Psalmen würden verändert erklingen lassen und gebetet werden können, wenn ein Dichter ihnen sein Leben anvertraut.

Ein junger Holländer begann während seiner jesuitischen Ausbildung zu dichten; anfängliche Skepsis gegenüber seiner sprachspirituellen Praxis wich dem Elan nachkonziliarer Experimente. Sie trugen ein ganzes Leben in die Übersetzungs-, will heißen: Dichtungs-, will heißen: Gebets-, will heißen: (nichtreligiöse) Interpretationsarbeit ein. Huub Oosterhuis veröffentlichte 2014 seine Übertragung der Psalmen in deutscher Übersetzung. Und nicht zuletzt bei ihrer lauten Lektüre wird deutlich, dass diese Arbeit nicht nur ein „Quellgebiet aller christlichen Poesie"[195] eröffnet, sondern auch ein homiletisches Quellgebiet ersten Ranges.

„98

Genug gesungen für ihn.
Neue Gesänge genug.
Nun will ich ein Wunder.

Zwei Hände, die Fesseln lösen,
zwei Arme um mich hin.
Nun will ich ihn endlich sehen:
zwei Arme hin um alle

---

195 ALEX STOCK, Andacht. Zur poetischen Theologie von Huub Oosterhuis, St. Ottilien 2011, 210.

Krieg führenden Völker –
seine rechte Hand Wunden heilend,
seine Linke austeilend Wasser und Brot.

Plötzlich steht vor den Augen der Menschheit
ein rettender Engel,
und Herrlichkeit des Neubeginns
strahlt von ihm aus –
nun erklingen Töne, die nie vorher erklangen,
himmlische Harfen, bronzenes Sonnengeläut.

Nun singen auch die Weltmeere mit,
in allen Sprachen erdröhnen die Berge,
klatschen und flöten die Flüsse,
posaunt es der Kosmos einmütig.

Denn morgen wird kommen der Kommende,
denn heute ist Er geboren –
und Recht wird er sprechen,
ein Recht, das nicht krumm ist.
Erhöhung aller Erniedrigten,
auf Erden Frieden."[196]

Beten ist eine werklose Tätigkeit par excellence. Ihre sprachlichen Register reichen vom Schweigen, Stammeln, Rezitieren, Singen über das Klagen, Lamentieren, Protestieren, Brüllen bis zum Schrei, dem Schrei der Erde.

Noch zwei Beispiele:

---

196 HUUB OOSTERHUIS, Psalmen, Freiburg im Breisgau 2014, 192 f.

134

„22

Gott, mein Gott, warum
hast du mich verlassen?
Zu dir schrei ich am Tag
und des Nachts, und werde nicht gestillt.

Heiliger, hoch Thronender, ruhmreicher,
du gibst nicht nach.

Mein Vater, meiner Vorväter, Geschlechter lang,
sie sagten: ,Ihm kannst du vertrauen,
Er ließ uns entkommen, der tut, was Er sagt' –
die waren deiner schamlos sicher.

Doch ich bin ein Wurm in der Erde –
mit ihren ledernen Stiefeln
zertrampeln sie mich und lachen sich tot:
Er hat doch einen Gott!

[...]

Mein Herz hat nichts mehr zu hoffen,
meine Kehle ist in Scherben,
meine Zunge an den Gaumen geklebt.

Warum hast du mich verlassen,
Gott, mein Gott?

[...]

Warum hast du mich verlassen,
als die Erde krachte und bebte,
die Felsen zerbarsten,

als ich schrie,
warum hast du mich nicht getröstet?

Als ich da hing
und so hing
an meinen Pulsadern,

lebend gehäutet."[197]

„88

Hörst du mein Geschrei
ab und an – du brauchst
nichts zu sagen, du,
wenn du mich nur hörst.
Nacht ist um mich her
Mauer hoch und blind
Seele wüst und leer
irr ich in mir selbst
einer der nichts beginnt
der nicht gehen kann
Steine in einem Loch.
Sagen sie ‚komm hoch'
dann weiß ich nicht wie
und ich ruf den Tod
und ich denk mich weg
falle aus der Zeit
aus deinem Bereich
bis wo niemand nichts
Name ausgewischt.
Und all meine Liebsten sind
undenkbar fern
niemand will mich mehr
bis zur Vergessenheit
tot ist tot verdammt
bin ich – wo und wer

---

197   A. a. O., 54 f.

bist du, der sein sollte,
sein sollte mit mir

hörst du mein Geschrei?"[198]

198 A. a. O., 171 f.

Passio

Die erregten Gebärden aus der Kunst vergangener Epochen werden
zum Ausdruck für Affekte, für die der Zeitgeist keine Sprache
kennt. [...]
Für die „nachchristlichen Hörer" hat sich die christliche Passion
in eine Kultur der Passionen verwandelt. [...]
Mit einer Art Gegenleiden, einem leidenschaftlichen Leiden,
hat das Christentum etwas „ganz Neues, bis dahin Unerhörtes"
geschaffen,
„die gloriosa passio aus glühender Gottesliebe".
Die Verschmelzung von Leiden und schöpferischer, ekstatischer
Leidenschaft ... [...]
In der Säkularisierung verflüchtigte sich die Gottesliebe, und
die Passionen blieben.
Und so bleiben moderne Rezipienten durch Bilder und Töne
wirkungsvoller an die Gefühlsmodulationen der
christlichen Tradition
gebunden als durch Überzeugungen.
„Überzeugen ist unfruchtbar",
lautet ein Satz aus Benjamins Einbahnstraße,
der mehr ist als ein Bonmot.

(Sigrid Weigel, Kommt, ihr Töchter, helft mir klagen,
FAZ vom 23.03.2008, 15)

Die Berliner Philharmoniker haben zusammen mit dem
Rundfunkchor Berlin unter der musikalischen Leitung von
Simon Rattle und in der Regie von Peter Sellars die Matthäus-
passion von Johann Sebastian Bach in Szene gesetzt (2010).

„*It is not theatre. It is a prayer, it is a meditation*", sagt Sellars. Auf der Bühne sind Handlungen und Figurenkonstella-
tionen zu sehen, die weder im biblischen Text der Matthäuspassion zu erkennen sind noch in der Bachschen Partitur
und ihrer konzertanten Aufführung. Und diese Konstellatio-

nen sind nicht etwa verwegenen Regieeinfällen zu verdanken, sondern in schlichten durchgängigen Sichtbarkeiten
der Sängerinnen und Sänger als Bühnenfiguren in einfach
gehaltenen Kostümen erfunden.

Ein aufrüttelndes und berührendes Beispiel: Bei seinem
ersten „Auftritt" mit der Frage: „Was wollt ihr mir geben, ich
will ihn euch verraten?", steht Judas mitten im Publikum.
Derjenige, der das „Osterlamm" szenisch vorbereitet, ist der
Evangelist selbst; am Tisch – einer einfachen länglichen Holz-
kiste, die mehrere szenische Funktionen übernimmt – sitzen
geblieben war Maria (sichtbar schwanger) von ihrer Arie
„Blute nur, du liebes Herz", nun setzt sich der Evangelist zu
ihr und berichtet von der Einsetzung des letzten Mahles. –
Jesus befindet sich die gesamte Aufführung lang außerhalb
des Geschehens, er bleibt stets auf einem linken Tribünen-
platz, tritt zum Singen ins Licht und beobachtet die Szene. –
Agieren, stellvertretend, tut der Evangelist.

So kommt es, weil ganz praktisch, nämlich sängerisch keine anderen Stimmen anwesend sind – der Chor (der Jünger)
hat seinen Platz auf einer Art offener Seitenbühne: „Herr, bin
ich's" –, dass Judas der einzige real anwesende Jünger beim
Abendmahl ist.

Evangelist und Jünger (Judas) mustern sich befremdet,
während der ferne Jesus vom Verräter singt; Evangelist und
Jünger sehen einander in die Augen und umkreisen einander. Zur Antwort, auf die Ankündigung des Evangelisten
hin, legt Judas seine rechte Hand an die Wange des Evangelisten und fragt: „Bin ich's, Rabbi?", und zur vom Evangelisten angekündigten Antwort legt der Evangelist seine rechte Hand auf die Wange des Judas, während Jesus singt: „Du
sagest's". Beide verharren einen Moment in dieser Stellung.
Sie wird etwas später auch die Position des Verrates sein.

Daraufhin setzt sich der Evangelist. Er bricht das Brot mit einer Geste seiner Hände und gibt zu „und gab's den Jüngern und sprach" das Brot mit einer weiteren Geste seiner Hände dem anwesenden Jünger Judas. Beider rechter Arm ist ausgestreckt, die Handflächen aufeinandergelegt während der Brotworte. Jesus: „Nehmet hin und esset, das ist mein Leib."

Während der Evangelist das Kelchwort ankündigt, erhebt sich Maria und stellt sich neben ihn und empfängt mit einer Geste seiner Hände den Wein. Während der Einsetzungsworte Jesu geht sie zum Chor, als ob sie den Wein austeilte mit bloßen Händen, wie man Wasser aus einem Brunnen schöpft.

Sie kommt zum Rezitativ „Wiewohl mein Herze" zum Evangelisten zurück und singt zu ihm; währenddessen hat sich Judas zum Essen des Brotes neben die Tafel gehockt und lauscht dem Rezitativ – ein geradezu intimer Moment zwischen Maria und Matthäus – und der folgenden Arie: „Ich will dir mein Herze schenken".

Singend tanzt die schwangere Maria – der Dirigent lässt sein solistisches Ensemble allein musizieren, sieht dem szenischen Geschehen vergnügt zu: „senke dich, meine Heil, hinein …", und demokratisiert gleichnishaft das Aufführungsgeschehen.[199]

> Judas ist nur ein Exponent der messianischen Ungeduld.
> Er tut auf seine Weise, was die anderen auf ihre tun werden.
> Dazu gehört nicht nur ihr Schlaf des Verdrusses in Gethsemane,
> ihre Flucht nach der Gefangennahme,
> die dreifache Verleugnung des Petrus.
> Wie Judas das Blatt wenden will,
> indem er die Demonstration der Macht zu erzwingen sucht,

---

199 Vgl. JOHANN SEBASTIAN BACH, Matthäus-Passion, Berliner Philharmoniker, Berlin 2010. Es gibt selbstredend viele weitere Szenen, die hier beschrieben werden könnten. Die Auswahl ersetzt kein Ansehen und Anhören der verfügbaren Aufnahmen, auch der Johannespassion selbstverständlich.

werden es die anderen unter Vermeidung des Selbstmords tun:
Sie werden retten, was zu retten ist.

(Hans Blumenberg, Matthäuspassion,
Frankfurt a. M. 1988)

Ähnlichen szenischen Prinzipien einer „*ritualization*" folgt
die Johannespassion (2014), wenngleich die Unterschiede
beider Passionen deutlich sichtbar sind.

Hier ist es Pilatus, der Jesus zur Kreuzigung überantwor-
tet hat: Er ist von seinem Richtstuhl aufgestanden und singt:
„Eilt, ihr angefocht'nen Seelen [...] nach Golgatha". Und noch
während dieser Arie eilt eine Frau im roten Kleide herbei –
man sieht deutlich, dass sie schwanger ist – und kniet sich
neben Jesus, der unter einem hängenden Scheinwerfer mit
einer schwarzen Binde vor den Augen mit ausgebreiteten
Armen am Boden liegt. Kurz darauf kommt eine weitere
Frau in einem blauen Kleid herbeigeeilt und kniet sich auf
die andere Seite des Leidenden, an dessen Kopf schon der
Evangelist Johannes sitzt: „Allda kreuzigten sie ihn ...". Diese Figurenkonstellation auf der Bühne wird ein wenig später konkret angesprochen: „Es stund aber bei dem Kreuze
Jesu seine Mutter ..." – Seine Mutter ist die Frau im blauen
Kleid, und die schwangere Frau im roten Kleid wird als Maria
Magdalena angesprochen. Die in diesem Rezitativ weiterhin
angesprochene Maria, des Cleophas Weib, ist szenisch abwesend, weil nicht singend.

Dem Bericht des Evangelisten Johannes folgend, sieht Jesus –
szenisch rücklings am Boden liegend – den Jünger Johannes,
seine Mutter und Maria Magdalena. Alle drei knien neben
dem liegenden Jesus am Boden. Maria Magdalena links,
der Jünger und Evangelist zu seinem Kopf und Maria, seine

Mutter rechts von ihm, jeweils aus der Sicht des Zuschauers. Als der Evangelist davon singt, dass Jesus seine Mutter und den Evangelisten – also sich selbst, der seine Hand an die Stelle seines Herzens gelegt hat – sieht, wendet der am Boden liegende Jesus seinen Blick zu der Frau im blauen Kleid, Maria, nimmt ihre Hand und singt: „Weib, siehe, das ist dein Sohn", zum Kommentar des Evangelisten: „danach spricht er zu dem Jünger" und sieht den Evangelisten an: „Siehe, das ist deine Mutter", und der erstaunt erschrockene Blick des Jüngers/Evangelisten richtet sich auf die Frau im blauen Kleid, Maria.

In diesen Blick hinein erklingt der Chor: „Er nahm alles wohl in acht". Johannes begleitet Maria, seine Mutter, von der Bühne, singt: „Und von Stund an nahm sie der Jünger zu sich", und verbleibt am Bühnenrand. Szenisch übrig bleibt Maria Magdalena, die Frau im roten Kleid, die währenddessen Jesu Hand hielt.

In dieser szenischen Situation – Jesus und Maria Magdalena allein – singt Jesus: „Mich dürstet"; Maria Magdalena bleibt an seiner Seite, während ein Knecht Jesus gestisch zu trinken reicht und wieder fort geht. Schließlich, Aug' in Aug' mit Maria Magdalena, spricht Jesus auf Geheiß des Evangelisten vom Szenenrand aus: „Es ist vollbracht". Hand in Hand mit Maria Magdalena, die sichtlich gerührt ist, beginnt ihre Arie wie ein Echo auf die Worte Jesu: „Es ist vollbracht": noch immer Hand in Hand mit dem gekreuzigten Heiland im Fokus des hängenden Scheinwerfers.

Als sie seine Hand küsst und auf seinen Körper legt, sich erhebt und ihre Hände vom schmerzenden Kopf löst, erklingt mit wenig räumlichem Abstand aus eben ihrem Munde: „Der Held aus Juda siegt mit Macht". Als Maria Magdalena nach diesem Teil ihrer Arie zurückkehrt an die Stelle, wo sie gerade an Jesu Seite saß, wieder mit den Worten: „Es ist vollbracht", ist Jesus verschwunden. Sichtbar bleibt lediglich ein runder Lichtschein, zu dem sie niederkniet und trauert singend wiederholt: „es ist vollbracht".

„Und neiget das Haupt und verschied", singt da der Evangelist wiederum vom linken Bühnenrand her. Die Bühne unter dem Licht des einen hängenden Scheinwerfers, umrundet von Chor und Orchester, ist leer.

Jesus selbst muß auf dem ‚Realismus' seiner Leiblichkeit bestehen; Deshalb spricht er ohne Rücksicht auf das Ärgernis von dem Bedürfnis
seines Leichnams, dem die Unbekannte ohne Wissen vorgreift: Was bekümmert ihr das Weib, sie hat ein gut Werk an mir getan. Wenn nur ein Leib im brutal-realen Sinne kann für die Tadler empfangen, was ein ‚gutes Werk' genannt wird. [...] Die Katastrophe des Meisters [...] ist die kommende Stunde dieser wie der anderen Frauen unter dem Kreuz und beim Grabe, wenn die Jünger von der Szene verschwunden sein werden.

(Hans Blumenberg, Matthäuspassion, Frankfurt/M. 1988)

Von der Matthäuspassion findet sich im weltweiten Netz, in der digitalen Konzerthalle der Berliner Philharmoniker, eine weitere filmische Aufnahme. Sie datiert nicht, wie die im Handel erhältliche Fassung, auf 2010, sondern ist die Aufzeichnung der Aufführung vom 12. Oktober 2013. Dort finden sich überraschend andere Kamerapositionen und Aufnahmeperspektiven als in der auf DVD veröffentlichten Version.

„Und da sie an die Stätte kamen mit Namen Golgatha, das ist verdeutschet Schädelstätte, gaben sie ihm Essig zu trinken", singt der Evangelist und neben ihm steht der Mann, der später als Joseph von Arimathäa vorgestellt wird. Hinzu tritt Maria Magdalena. Sie blicken in eine Richtung, sehen der Kreuzigung zu. Nach dem „Da sie ihn aber gekreuziget hatten" scheinen sie schockiert der Erzählung über die Zerteilung der Kleider, mit der der Evangelist fortfährt, zu folgen. Als der singt, dass sich darin ein Prophetenwort erfüllt, sehen Maria Magdalena und der Evangelist einander entsetzt in die Augen.

Dann kreuzt Maria Magdalena die Arme auf der Höhe der Handgelenke und kniet nieder. Auf diese Weise übernimmt sie szenisch die Rolle des Gekreuzigten. Zumal Joseph und der Evangelist sich setzten zu „Und sie saßen all da und hüteten sein". Als der Evangelist singt: „Und aber zu seine Häupter hefteten sie die Ursach' seines Todes ...", und auf den Gekreuzigten sieht, ist szenisch der Gekreuzigte eine Frau!

Sie übernimmt die Position des Gekreuzigten (ähnlich wie in der biblischen Erzählung Simon von Kyrene das Kreuz aufnimmt und trägt). Während die vorübergehenden Leute, Pharisäer und die mitgekreuzigten Mörder lästern, geht sie in die Knie. Diese Position auflösend singt sie die Arie: „Ach Golgatha, unselges Golgatha! Der Herr der Herrlichkeit muss schimpflich hier verderben, der Segen und das Heil der Welt wird als ein Fluch ans Kreuz gestellt. Der Schöpfer Himmels und der Erden soll Erde und Luft entzogen werden. Die Unschuld muss hier schuldig sterben, das gehet meiner Seele nah; ach Golgatha, unselges Golgatha!", und verwandelt die Arie in eine Selbstreflexion des Gekreuzigten, dessen Position sie zum Ende der Arie wieder einnimmt. Diesmal tritt der Evangelist zu ihr.

Unmittelbar darauf singt Maria Magdalena, die Position des Gekreuzigten in einen Tanz auflösend: „Sehet, Jesus hat die Hand, uns zu fassen ausgespannt. Kommt – Wohin? – in Jesu Armen sucht Erlösung, nehmt Erbarmen, Suchet! – Wo? – in Jesus Armen. Lebet, sterbet, ruhet hier, ihr verlass'nen

Küchlein ihr, bleibet – Wo? – in Jesu Armen." Währenddessen bleibt der Evangelist mit dem Blick in Richtung des Gekreuzigten, wie zu Beginn dieser Sequenz, gerichtet. Am Ende dieser Arie steht er allein.

Zum wiederholten Male macht die Inszenierung szenisch bildlich sichtbar, was weder im Text des Matthäusevangeliums noch in der Partitur der Matthäuspassion von Johann Sebastian Bach zu lesen und doch in beiden angelegt ist: durch getreue (in diesem Falle szenische) Erfindungen.

Noli me tangere

Den Intuitionen von Malern folgend stellt sich Jean-Luc Nancy der berühmten Szene des *Noli me tangere*. Kaum eine Szene der Evangelien ist häufiger gemalt worden. Doch Nancy liest und sieht gleichermaßen.

„In dieser Szene geschieht Folgendes: Er spricht, er wendet sich hin und er geht fort. Er spricht, um mitzuteilen, dass er da ist und dass er gleich gehen wird. Er spricht, um dem anderen zu sagen, dass er nicht dort ist, wo man ihn wähnt, dass er bereits anderswo ist, aber dennoch sehr wohl gegenwärtig: hier, doch nicht hier selbst. Dem anderen bleibt zu verstehen, zu sehen und zu hören."[200]

Und Nancy folgt den malerischen Facetten der Deutung dieser Szene, die zugleich ein Paradox ist. Auf der einen Seite geht es um Berührung. Sie geht so weit, dass der Leib des Gottes selbst zu essen und zu trinken gegeben wird: *hoc est corpus meum*. Somit wird „das Christentum die Erfindung der Religion der Berührung, des Sensiblen, der dem Körper und dem Herzen unmittelbaren Präsenz gewesen sein".[201]

Auf der anderen Seite: *noli me tangere*.

„Berühre mich nicht, halte mich nicht fest, versuche weder zu halten noch zurückzuhalten, sage jeder Anhängerschaft ab, denke an keine Vertrautheit, an keine Sicherheit. Glaube nicht, es gäbe eine Versicherung, so wie sie Thomas wollte. Glaube nicht, auf keine Weise. Aber bleibe in diesem Nicht-Glauben standhaft. Bleib ihm treu. Bleibe meinem Fortgang treu. Bleib dem allein treu, was in meinem Fortgang bleibt: dein Name, den ich ausspreche. In deinem Namen

---

200 JEAN-LUC NANCY, Noli me tangere, Zürich/Berlin 2008, 17.
201 A. a. O., 21.

gibt es nichts zu ergreifen, nichts dir anzueignen, sondern es gibt dasjenige, was vom Unvordenklichen her und bis hin zum Unerreichbaren an dich gerichtet ist, vom grundlosen Grund, der immer schon im Aufbruch ist."[202]

In diesem Paradox wird die Berührung ganz Bewegung. Jeglicher Aspekt von „Identifikation, Fixierung, Eigentum und Bewegungslosigkeit" sind ausgeschlossen. *Noli me tangere* bedeutet dann: „Berühre mich mit einer wahren, zurückgehaltenen, nicht besitzergreifenden und nicht identifizierenden Berührung."[203] In ihrem Paradox schafft diese Berührung genau das, was sie sprachlich bezeichnet: Platz für das Unmögliche der Auferstehung.

---

202 A. a. O., 61 f.
203 A. a. O., 65 f.

Auferstehung

Das entscheidende Wort des Christentums ist bis heute eines der befremdlichsten. Häufig zur Friss-oder-stirb-Glaubensformel erstarrt, erfreut sich die Auferstehung jedoch eines überraschenden medientheoretischen Interesses.

Sein Ausgangspunkt ist der fehlende Körper, le *corps manquant* (Michel de Certeau).

> „Die Urszene dieses Körpermangels ist nun in der Tat das leere Grab, das nicht zuletzt am Ursprung des geistlichen Spieles steht – die Osterspiele entstehen aus der Keimzelle des bei Johannes 20,4 berichteten Wettlaufes zum Grab – und damit am Anfang einer wichtigen Tradition europäischer Theatralität. Der Entzug des Körpers Christi, der im leeren Grab statthat, macht diesen Körper selbst zu einem Medium, das bekanntlich stets zu seiner Entkörperung und zu seinem Verschwinden neigt."[204]

Der Berliner Literaturwissenschaftler und Komparatist Daniel Weidner zeigt in seiner Lektüre, dass die Quellentexte der Auferstehung ebenso wie ihr Glaube in einem ursprünglichen Sinne medial sind, „insofern sie selbst ein mediales Geschehen implizieren, das aber weniger mit dem Sehen als mit der Sprachlichkeit zu tun hat".

Zum ersten Mal von der Auferstehung spricht Paulus in seinem ersten Korintherbrief (15,1–10). Als Brief ist diese Mitteilung schon an sich medial und verweist auf die Abwesenheit des Verfassers, der aber auf die Adressaten einwirken will.

---

204 DANIEL WEIDNER, „Er ist nicht hier, denn er ist auferstanden". Die Auferstehung erzählt, in: HELGA FINTER (Hg.), Medien der Auferstehung, Frankfurt a. M. 2012, 29.

„Diese Medialität schreibt sich in den Brief dort ein, wo er explizit und ausführlich von Adressaten und Adressanten spricht:

Vom Adressanten ist insofern die Rede, als die Auferstehung Jesu ja gerade als Korrelat von deren Auferstehung angesprochen wird. [...] Die Auferweckung Christi ist nur der Beginn einer allgemeinen Auferweckung, die durch sie vermittelt wird, wobei die Vermittlung hier auch als ‚Glauben' bezeichnet wird: Indem wir glauben, werden wir auferstehen, indem wir auferstehen, können wir ‚glauben'."[205]

Vom Adressanten oder Verfasser ist die Rede, „indem die Auferstehung wiederum auch dessen Verkündigung legitimiert (Vers 14), vor allem aber, indem Paulus sich selbst, die ‚Missgeburt' (Vers 8) und den geringsten der Apostel, in die Zeugenkette einbezieht, welche die Auferstehung bestätigen soll". An dieser Stelle verliert medientheoretisch gedacht „die Apostolizität ihren festen Anhalt in der Augenzeugenschaft". Der Brief des Paulus ist medial gesehen ja auch keine einfache direkte Botschaft, sondern sie bezieht sich auf eine ältere Botschaft, die Paulus bei seinem Besuch in Korinth mündlich verkündet hat und die er „Evangelium" (Vers 1 und 2) nennt. Diese Bezeichnung meint bei Paulus noch keine Literaturgattung, sondern im wörtlichen Sinne eine frohe Botschaft, die Paulus wiederum selbst empfangen hat (Vers 3) und als Bote überliefert.

Diese Botschaft fast Paulus in einem Satz zusammen (Verse 3b–5), bei dem es sich aufgrund seiner „parallelistischen Struktur" um eine „festgeprägte Formel handelt, wahrscheinlich zitiert Paulus hier tatsächlich eine ältere Formulierung liturgischen Ursprungs, man kann sich etwa vor-

---

205 A. a. O., 31.

stellen, dass es sich um ein bei der Taufe auszusprechendes Bekenntnis handelt – denn es ist ja auch die Taufe, nicht die Eucharistie, die christlich der Auferstehung entspricht".[206]

Dass Christus gestorben ist für unsere Sünden nach den Schriften; und dass er begraben worden ist; und dass er auferstanden ist am dritten Tage nach den Schriften; und dass er gesehen worden ist von Kephas, danach von den Zwölfen (1Kor 15,3b–5).

An dieser alten Formel ist zu bemerken, dass Sterben und Auferstehung durch ihre „streng parallele Konstruktion eng zusammengehören". Besonders auffällig ist das, was in der Formel fehlt: „die Geschichte vom leeren Grab und die Erscheinung vor den Frauen". Die Formel geht direkt

> „zur Erscheinung vor Kephas, also Petrus, und dem Jünger-kreis, in der sich die Auferweckung so vollendet wie das Sterben im Begraben". Eine weitere Auffälligkeit besteht in den wiederholten Schriftbezügen, was „nicht zuletzt ein Zeichen dafür ist, dass diese Formel im Rahmen der frührabbinischen Schriftkultur entstanden ist".[207]

Was bei Paulus auf die Schriften verweist, ist in den Evangelien Jesus in den Mund gelegt. Damit stellt er selbst sein Tun, in diesem Fall seinen Tod, als „Erfüllung einer Ankündigung" dar. Diese wird man erst im Nachhinein verstehen. Dass die Ankündigung in den Evangelien „nicht mehr aus der Schrift, sondern aus dem Mund Jesu kommt, hängt mit dem Wechsel der Gattung zusammen, denn hier handelt es sich nicht mehr um einen Brief, sondern um ein Evangelium"[208].

---

206 A.a.O., 32.
207 A.a.O., 32. Zu Details dieser Schriftbezüge siehe a.a.O., 32–34.
208 A.a.O., 34.

Aus der guten Nachricht über Jesus Christus bei Paulus wurde die gute Nachricht von Jesus Christus. Aus dem „Gegenstand des Glaubens" wird zugleich das „Subjekt der Verkündigung".

> „Hier ist der Inhalt der Botschaft also selber Medium. Er ist auferstanden wird zu: er hat es ausgesagt und es ist aufgeschrieben. Der Gattungs- und Medienwechsel hat wohl auch historische Gründe: Gemeinhin wird das älteste der Evangelien, das Markusevangelium, auf 70 n. Chr. datiert, also in die Zeit, als auch die letzten Jünger sterben – Petrus stirbt 64 oder 67, Paulus gegen Ende der sechziger Jahre –, es also keine Augenzeugen mehr gibt und auch die Zeugenkette nach 1. Korinther 15 abreißt."[209]

Genau in dieser Situation spielt der fehlende Körper eine Rolle, und das Markusevangelium spricht zum ersten Mal vom leeren Grab. In den ältesten Handschriften bildet das entsprechende Kapitel (16) sogar den Schluss des Textes (Mk 16,8).

Der Anfang des 16. Kapitels des Markusevangeliums schildert „einen Weg zum Grab, und es ist dann auch vermutet worden, sie könne die Kultlegende einer österlichen Prozession zum Grab sein, jedenfalls hat sie mit dem christlichen Sonntag zu tun, an dessen Morgen sie angesiedelt ist". Frauen machen sich auf, um den Toten zu salben. Das Ungewöhnliche daran ist, dass der schon begraben ist. „Narrativ schließt die Handlung daher auch nicht nur an das unmittelbar vorher erzählte Begräbnis an, sondern auch an die Salbung von Bethanien (Mk 14,3–9)." Jesus hatte die Ölsalbung einer Frau zur Salbung im Voraus zu seiner Totensalbung erklärt, denn er wäre nicht immer bei den Seinen. Wieder werden ein Tod

---

209 A. a. O., 35.

und eine Abwesenheit angekündigt, allerdings in umgekehrter Reihenfolge, um somit die „Umkehrung von Tod und Leben" vorwegzunehmen, wie sie in der Auferstehungserzählung erfolgt.[210]

Auf dem Weg aber taucht ein Hindernis auf: der Stein. Die Frauen sprechen von ihm vor dem Grab und sehen ihn dann bereits weggewälzt. Hier gibt es einen „Sprung vom ‚Sprechen' zum ‚Sehen' im Modus von Ankündigung und Erfüllung." Das Wegwälzen selbst, wie alles, was die Auferstehung äußerlich ausmacht, wird nicht erzählt. Dies Prinzip der enttäuschten Erwartung[211] setzt sich fort und wird gesteigert bis zum Schock „über das Fehlen des Leichnams". Die Frauen erschrecken sich „weniger über etwas Anwesendes" (die Erscheinung des Jünglings) „als über etwas Abwesendes" (den Leichnam), „dessen Absenz durch den Verweis auf die ‚Stelle, wo ihr ihn hingelegt habt' (Vers 6) noch mal betont wird". Der „Entzug des toten Körpers im Grab" wiederholt das „Verschwinden des lebendigen Jesus vom Schauplatz der Geschichte, also seine Passion". Der Schock hält sich bis zum Ende der Geschichte, denn „das gerade Erzählte [führt] eben gerade nicht zum Glauben": „Die Frauen berichten nichts, sondern entsetzen und fürchten sich."

Diese Szene ist eine „mediale Urszene" und arbeitet mit mehrfachen Vermittlungen. Da sind zum einen die Frauen, die die Botschaft vom leeren Grab den Aposteln bringen sollen. Da ist die Erscheinung des Jünglings, der an die Erscheinung Jesu bei der Verklärung erinnert. Die Botschaft, nach Galiläa zu gehen, erinnert an die Ankündigung Jesu vor der Passion, dass er seinen Jüngern auf dem Weg nach Galiläa vorausgehen werde.

---

210 Ebd.

211 A.a.O., 36.

Medientheoretisch lässt sich Folgendes sagen:

> „Die Auferstehung besteht also nicht darin, dass der Begrabe-
> ne durch den Auferstandenen ersetzt wird, sondern dass der
> gesuchte Körper Christi durch eine ‚Mitteilung' ersetzt wird,
> nämlich durch die Botschaft der Auferstehung, die ihrerseits
> rekursiv auf eine Botschaft Christi verweist. Das Verschwin-
> den des toten Körpers wird also nicht rückgängig gemacht,
> sondern durch einen Medienwechsel inszeniert, wobei sich
> der Wechsel von Tod zum Leben narrativ durch diese Erset-
> zung des toten Körpers durch das lebenspendende Wort
> vollzieht."[212]

Das Ereignis selbst nicht zu zeigen und somit der Vorstel-
lungkraft zu entziehen, überträgt es den Worten, also dem
Evangelium und davon ausgehend der Predigt. Doch liegt in
dieser medialen Vermittlung im Bericht selbst eine homiletische Provokation grundsätzlicher Art. Die Frauen fliehen
erschrocken und sagen nichts. Die Vermittlung misslingt.
Daran ändert auch der später hinzugefügte Schluss des
Markusevangeliums nichts. Er

> „setzt fort, als sei nichts geschehen: ‚Als Jesus am frühen Mor-
> gen des ersten Tages der Woche auferstanden war, erschien
> er zuerst Maria aus Magdala, aus der er sieben Dämonen
> ausgetrieben hatte' (Mk 16,9). Von der ersten verschwiegenen
> Erscheinung ist somit auch narrativ keine Spur geblieben: die
> Umsetzung von Körper und Botschaft gelingt hier also nicht
> so leicht; anders gewendet wird der Skandal der Botschaft
> immer noch gleich mit erzählt. Gerade dieses Unverständnis
> wird in der Folge auch zum zentralen Antrieb der narrativen
> Elaboration der Szene."[213]

---

212   A. a. O., 37.
213   A. a. O., 38.

Diese narrative Ausarbeitung findet sich in den synoptischen Evangelien nach Lukas und Matthäus.[214] Zugespitzt findet sich diese Tendenz im apokryphen Petrusevangelium. Dort ist die Anzahl „der Zeugen und Medien deutlich erhöht"[215], doch „dieser breite Realismus macht e contrario noch einmal deutlich, wie sparsam der ursprüngliche Bericht vom leeren Grab war".[216]

Im Johannesevangelium bekommt die Auferstehung noch eine andere Wendung. Hier scheinen zunächst die wirklichen Erfahrungen (Johannes sieht das leere Grab und glaubt direkt, Maria Magdalena berührt nicht, Thomas berührt den Auferstandenen) stärker gewichtet zu sein als Mitteilung und Schrift. Doch macht Johannes die typischerweise in den Evangelien überlieferten Jesusworte zu Aussagen Jesu über sich selbst und bildet sie erzählerisch zu einem reflexiven Geflecht mit vielerlei Missverständnissen und Verwechselungen.

Darin spielt ein Medium eine herausgehobene Rolle: die Stimme Jesu. Die Toten werden die Stimme des Sohnes Gottes hören und leben (Joh 5,24–26).[217]

> „Der Inhalt der Rede ist die Verkündigung, die Auferstehung geschieht also durch die Botschaft von ihr selbst. Denn Glauben heißt das ‚Wort' hören, wobei das Wort selbstverständlich immer zweideutig schwankt zwischen dem Hören auf das, was Jesus sagt, und dem Hören auf den, der es sagt. Christus selbst wird zur Botschaft, die Botschaft selbst zum Medium."[218]

---

214 Vgl. a. a. O., 38 ff.
215 A. a. O., 40.
216 A. a. O., 41.
217 Vgl. a. a. O., 41 f.
218 A. a. O., 43.

Zusammenfassend lässt sich sagen, dass „die Geschichten von der Auferstehung immer auch erzählte Medientheorien sind, die Auferstehung nicht nur geschickt in Szene setzen, sondern auch permanent über deren Performativität reflektieren".

Der Ausgangspunkt des medientheoretischen Interesses, fehlende Körper, ist „immer schon textuell und medial vermittelt". Er ist „ein Gegenstand des ‚Glaubens'" in dem Sinn, dass er „Glauben verlangt", und in dem Sinne, dass er „Glauben ermöglicht und in seiner spezifischen Form nur dem Glauben zugänglich ist", und das heißt medientheoretisch „allein durch Hören und Lesen".[219]

Als mediale Praxis verdoppelt die „Schriftpraxis der Evangelien die metaphysische Vermittlungsfigur der Inkarnation". Das Wort hat „von nun an die paradoxe Aufgabe, immer mehr zu sein, als es ist, und eine Beziehung zum Körper zu haben, die über das einfache Bezeichnen hinausgeht"[220].

Zu der o. g. homiletischen Provokation des Misslingens der Vermittlung tut sich an dieser Stelle eine abgründige Beunruhigung homiletischer Theorie und Praxis auf: mehr sein zu wollen, als man ist.

---

219 Ebd.
220 A. a. O., 44.

Ecce homo

Seht dort: ein Mensch! Sollte dieser beiläufige Satz des Pontius Pilatus die zentrale Aussage der Evangelien sein? Zumindest ihre zentrale Sicht auf den Menschen als Lektüreanleitung? Geht es also um Dich und mich? Über der Folie Jesu Christi, des Menschensohnes? Sollte, anders gesagt, die eigentliche Lektüre der biblischen Szenen über mein bzw. Dein Leben gehen, wie zerschlagen es auch immer sein mag, *la vie*? Oder anders gefragt, müsste die Lektüre der biblischen Texte diese szenisch vervollständigen mit dem eigenen Leben der Lesenden? Denn liest man sie als Szenen, fehlt viel, derart sind sie stilisiert. Informationen zu auftretenden Personen, ihre Herkunft, oft sogar die Namen; Dinge, die nach geschilderten Szenen geschehen ... Sollte Lektüre das fehlende, ausgesparte Leben hineinspülen, provisorisch für jede neue Lektüre?

Der russische Filmregisseur Andrej Tarkowskij träumte von einem Filmprojekt, bei dem er das reale Leben filmen wollte. Die Kamera würde auf diese Weise die Zeit versiegeln und ihre spirituelle Dimension als Leben(szeit) zeigen.

„Der Idealfall einer Filmarbeit sieht für mich folgendermaßen aus: Ein Filmautor zeichnet auf Millionen von Filmmaterial-Metern jede Sekunde, jeden Tag, jedes Jahr ohne Unterbrechungen auf, etwa das Leben eines Menschen von der Geburt bis zum Tod. Mit Hilfe des Schnittes würde man dann daraus einen Film von etwa 2500 Meter Länge gewinnen. Das heißt, einen Film von etwa anderthalb Stunden Laufzeit. (Interessant wäre dabei auch die Vorstellung, dass diese Millionen Filmmeter in die Hände verschiedener Regisseure gerieten, von denen dann jeder für sich daraus einen jeweils äußerst unterschiedlichen Film zusammenstellen würde!)"[221]

In jüngster Zeit hat der US-amerikanische Filmregisseur Richard Linklater zwei Projekte ganz in diesem Sinn realisiert. Das eine ist eine Trilogie bestehend aus drei Filmen, die jeweils in einem Abstand von neun Jahren die Begegnungen, Verwicklungen, das Leben eines Paares zeigt.[222] Das andere hat über einen Zeitraum von zwölf Jahren jedes Jahr das Leben eines Jungen in seiner Familiensituation gefilmt.[223] „Die Darsteller altern mit ihren Rollen. Und wir mit ihnen: beim Sehen. Wir erkennen uns in ihnen, unser vergangenes Ich, vor neun, vor achtzehn Jahren. Die Bilder nehmen die Farbe der Erinnerung an. Das Kino öffnet ein Fenster in die Zeit."[224] In diesem in vielerlei Hinsicht berührenden Film kommt Christentum im expliziten Sinne nicht vor außer – sehr amerikanisch – als fundamentalistisches mit Bibel und Jagdgewehr, was biographisch dennoch fast liebevoll gezeichnet wird, aber reine Konvention ist. Am Ende des Filmes begegnet dennoch Tarkowskijs Vision des Lebens im Film als versiegelter Zeit:

„Die Menschheit hat außer dem künstlerischen Bild nichts uneigennütziges erfunden, und vielleicht besteht tatsächlich der Sinn der menschlichen Existenz in der Erschaffung von Werken, der Kunst, im künstlerischen Akt, der zweckfrei und uneigennützig ist. Vielleicht zeigt sich gerade darin, dass wir nach Gottes Ebenbild erschaffen wurden."[225]

---

221 ANDREJ TARKOWSKIJ, Die versiegelte Zeit. Gedanken zur Kunst, zur Ästhetik und Poetik des Films, Berlin/ Frankfurt a. M./Wien, ³1988, 72 f.

222 Before Sunrise (1995), Before Sunset (2004), Before Midnight (2013).

223 Boyhood (2014).

224 ANDREAS KILB, Die Entdeckung des Kontinents der Kindheit, FAZ, 04.06.2014.

225 TARKOWSKIJ (Anm. 221), 251.

„Denn Linklater ist klug genug, seinen Gleitflug durch die Zeit nicht mit einer Punktlandung im Mainstream enden zu lassen. Er schenkt Mutter und Sohn, die er in der ersten Einstellung vereint hat, eine große Abschiedsszene, in der Patricia Arquette ihren ganzen Schmerz über die verflossenen Jahre, die zerronnenen Höhepunkte des Lebens hinausschreien darf: ‚Der nächste wird mein verdammtes Begräbnis sein!‘ Aber dann setzt er seinen Hauptdarsteller Ellar Coltrane, der zu einem verträumten Jüngling herangewachsen ist, auf einen Felsen im Big Bend National Park, und neben ihm sitzt ein Mädchen, und beide schauen in den Himmel, und keiner weiß, was zwischen ihnen passieren wird. ‚In Wahrheit gibt es weder Vergangenheit noch Zukunft‘, sagt Mason [Ellar Coltrane] ‚Es gibt nur diesen Moment.‘"[226]

Ist das Heute des Lebens das „Heute Gottes"[227], in dem wir leben? Der letzte Text des Philosophen Gilles Deleuze denkt über die Immanenz, das Leben. Dieser Text erscheint nicht nur als philosophische Herausforderung, sondern als eine homiletische Perspektive von ungeahnter Tragweite.[228] Hier findet sich der Schlüssel zur Lektüre biblischer Texte: das Leben, *la vie*, in diesem Moment. Hatte nicht einer gesagt, er wäre das Leben?

In dieser Aussage ist nicht weniger zugespitzt als die Herausforderung an unsere Zeit: „den Menschen als eine offene Frage zu belassen" und nicht davon auszugehen, „alles sei einfach, alles sei schon geklärt und erklärbar".[229]

---

226 KILB (Anm. 224).

227 FRÈRE ROGER, Im Heute Gottes leben, Freiburg/Basel/Wien, ³1978.

228 Vgl. GILLES DELEUZE, L'IMMANENCE, in: ders., Deux Régimes de fous: Textes et Entretiens 1975–1995, Paris 2003; vgl. AGAMBEN (Anm. 182), 428–461.

229 So drückte es Andrej Tarkowskij im Gespräch mit dem russisch-orthodoxen Theologen Olivier Clément aus, in: OLIVIER CLÉMENT, Taizé, einen Sinn fürs Leben finden, Freiburg 2006, 31.

Jakobusbrief

Martin Luther nannte diesen Brief des Neuen Testamentes die „stroherne Epistel". Möglichweise war seine Lektüre zu sehr die eines Schriftgelehrten, der er zweifellos war. Oder hat er die Ebene des blanken Strohs unterschätzt?

Folgen wir für einige Zeilen der Lektüre von Jean-Luc Nancy. Im ersten Teil seines Projektes der Dekonstruktion des Christentums, der Aufschließung, kommt der Philosoph auf den Jakobusbrief. In seiner Lektüre spiegelt Nancy den Autor des Briefes – in französischer Sprache Jacques – mit dem ihm befreundeten Philosophen Jacques (Derrida). Der erfand die dekonstruierende Lektüre von Texten und bezog sich darin ausdrücklich auf Martin Luther, der diese Leseweise *destructio* nannte. Und so zieht in Luthers stroherne Epistel eine Leseweise ein, die ihn ernster nimmt, als er befürchten konnte. Folgendes sei hier zur überprüfenden Nachlese und Fortlese weitergegeben.

Die innere Logik des Jakobusbriefes sei die folgende Frage: „Wenn die Menschen nach dem Bilde Gottes erschaffen worden sind, was ist dann diese *homoiosis*? Wem oder was sind sie ‚homogen'?"[230]

Und Nancy folgt der Spur des Schöpfers, den der Brief den „Vater der Lichter" (1,17) nennt, und stellt fest: „Gott ist zuerst der Gebende." Und folgt man der

> „Logik des Gabe [...], gibt der Geber sich in seine Gabe auf. Ebendies geschieht hier. Gebend die Gabe vollbringend, gibt er sich und bleibt zugleich an sich schattenlos, denn es ist diese Auflösung des Schattens, dieses Aufhellen, das er gibt und das er ‚allen gerne gibt' (1,5). Geben und Zurückhalten sind

---

230 NANCY (Anm. 109), 79.

hier keine Gegensätze – und dementsprechend wären Sein und Schein hier identisch: phänomenologische Theologie."[231]

Wenn sich hier die Logik der Gabe und die Logik des Homogenen überlagern, folgt Nancy dem Jakobusbrief, dann ist das Gegebene von besonderer Bedeutung: Es ist die Gnade, die besser ist als jegliches Verlangen, und sie wird den Demütigen gegeben (4,6 mit Bezug auf Spr 3,34).

In Martin Luthers rigoros katechetischer Gebärde müsste man nun fragen: Was ist das?

> „Die Gnade, das ist die Gunst, das heißt zugleich die Erwählung, die begünstigt, und das Vergnügen oder die Freude, die so gegeben ist. Die Gnade ist gratis, ein Geschenk (*gratia* übersetzt *charis*, zeigt Beneviste, und hat *gratis* und *gratuitas* ergeben). Es ist die Gratuität des Vergnügens, das um seiner selbst willen gegeben wurde."[232]

Eine Pointe dieser Lektüre ist die, dass im Unterschied zu einer Logik des Mangels, des Neides oder des Verzichts die Logik der Gnade „vom Genießen herrührt" als einem „Begehren und Vergnügen als Empfänglichkeit für die Gabe". Diese Empfänglichkeit ist ihrerseits eine Hingabe oder Aufgabe und muss der Gabe selbst „an Gratuität gleichkommen".[233]

In der Praxis einer wechselseitigen Gratuität öffnet sich der Horizont dessen, was man Glauben nennen kann: eine werklose Tätigkeit.

Aber wie ist das genau mit dem Glauben und den Werken im Jakobusbrief? Es war ja das Thema, was Luther vor diesem Brief scheuen ließ. Im Zentrum der Lesart von Jean-Luc

---

231 A.a.O., 80.

232 A.a.O., 81.

233 A.a.O., 82.

Nancy steht das griechische Wort *argé* im Vers 20 des Briefes. „Der Glaube ist ohne Werk *argé*, das heißt leer oder eitel,
ineffizient und ineffektiv. *Argos* ist eine Zusammenziehung
von *a-ergos*: ‚ohne *ergon*‘. Jakobus formuliert eine Quasi-Tau-
tologie. Doch sie bedeutet, das *ergon* ist hier die Existenz. Es
bedeutet also auch, dass *ergon* generell viel eher als Wirk-
samkeit denn als Produktion verstanden wird und als *In-
actu*-sein viel eher denn als *operari* eines *opus*."[234] Das heißt,
die Werke sind hier nicht als Werke des Glaubens im Sinne
eines Kundtuns oder einer Demonstration zu verstehen,
sondern der Glaube existiert in Werken. Nancy liest das Verhältnis zwischen Glauben und Werken umgedreht, in umge-
drehter Perspektive.

> „Der Glaube besteht nicht an sich. Deshalb geht es darum,
> ihn *ek tôn ergôn*, aus den Werken heraus zu zeigen, aus ihnen
> hervorgehend. Statt dass die Werke aus dem Glauben hervor-
> gehen, ja anstatt dass sie den Glauben ausdrücken, existiert
> dieser nur in den Werken: in den Werken, welche die seinen
> sind und deren Existenz das ganze Wesen des Glaubens aus-
> macht, wenn man so sagen kann."[235]

Diese Logik des Jakobsbriefes verschiebt „unser gewohntes
Verständnis von *ergon*" und damit zugleich „unsere platoni-
sche und aristotelische Auffassung von *poiesis*". Denn beide
Worte treten im Jakobusbrief gemeinsam auf. Beide Worte
müsste man hier im Sinne von *praxis* verstehen, nämlich als
„das Tun eines Handelnden" und nicht als „die Handlung an
einem Objekt".[236]

---

234 A. a. O., 83.
235 Ebd.
236 Ebd.

Es liegt also im Werk selbst eine Differenz, etwas, was mit sich selbst nicht adäquat ist: „die *praxis* ist das, was keine Produktion eines seinem Begriff adäquaten Werkes" (also eines Objektes) sein kann. Das Werk ist entwerkt (*désoeuvré*). Und Glaube kann weder seinem Werk noch seinem Subjekt eigen sein. Er kann nur empfangen werden, geschenkt, umsonst.[237]

Sola gratia.

---

237 A. a. O., 84.

Der Wein hat mehr dazu beigetragen, die Menschen Gott anzunähern, als die Theologie. Seit langem haben die traurigen Trunkenbolde – gibt es denn überhaupt andere? – die Eremiten übertroffen.

(Cioran)

P. S. Was ist eine Pastorin oder ein Prediger heute? Folgt man der Bach'schen Matthäuspassion, ritualisiert von Peter Sellars mit dem Rundfunkchor Berlin und den Berliner Philharmonikern unter der Leitung von Simon Rattle, erkennt man szenisch: Der oder die Predigerin ist ein(e) Evangelist(in): Er oder sie erlebt die Passion Christi an seiner statt als eine Passage, eine Umwandlung, einen Weltenübergang. Er oder sie führt Aktionen aus, deutet sie manchmal nur an, zu denen Christus die Worte gibt. Die Worte Christi klingen durch sein oder ihr Erleben hindurch. Er singt sie in sein oder ihr Erleben hinein.

Man kann diesen Evangelisten, diese Evangelistin Stalker nennen. Nicht nur äußerlich gleicht er ihm in Sellars Arbeit. Andrej Tarkowskij hatte diese Figur in seinem gleichnamigen Film erfunden[238] (zu einer Zeit, als es das Prominentenstalking noch nicht gab). Ein Stalker ist jemand, der sich in einer Zone, einem verlassenen, verbotenen Territorium – wahrscheinlich ist dort ein Meteorit eingeschlagen – auskennt. Er ist gezeichnet von einer Erfahrung, die größer ist als er. Er ist ein Pirschgänger und Spurenleser seiner Erfahrung. Diese Zone verändert sich im Verhältnis zu denen, die sich in ihr bewegen, und führt sie an ihre Grenzen, setzt sie der Gefahr des Erlebens aus. Schließlich führt sie auf stets verschiedenen Wegen in einen Raum, in dem sich die geheimsten Wünsche der Zonenbesucher erfüllen sollen. Ein Stalker lehrt Glauben, aber jeden auf seine Art, als eine singuläre Erfahrung mit vollem Risiko. Er weiß nicht, wie. Er weiß nur, dass er sein Wissen nicht für sich nutzen kann. Dann kommt er um.

---

238 Vgl. DIETRICH SAGERT, Der Spiegel als Kinematograph. Untersuchungen zum Werk Andrej Tarkowskijs, Saarbrücken 2008, 132–146.

In der Zeitschrift *Lendemains*[239] gibt es ein Dossier Deleuze'
mit dem Artikel: „Gilles Deleuze oder wie wird man ein Stalker in Philosophie" von dem Philosophen Réda Bensmaia. In
seiner Einführung beschreibt Bensmaia, inwiefern Deleuze
ein Stalker in Philosophie, ein philosophischer Stalker ist: Er
öffnet Wege in ein philosophisches Leben. Das heißt zuerst
zu lernen, in neuen Sprachen zu leben und zwar gleich in
drei neuen Sprachen: in der Sprache der Konzepte (Begrif-
fe/Philosophie), in der Sprache der Affekte (Gefühle/Kunst),
und in der Sprache der Perzepte (Wahrnehmungen/Wissen-
schaft). Es geht also weniger darum, schulmäßig professio-
nell in einem akademischen Sinne zu sein oder nicht, sondern vor allem darum, Philosophie sowohl für Philosophen
als auch für Nicht-Philosophen zu denken. Und das nicht in
einem herablassenden Sinne, sondern nach dem Motto des
berühmten Diktums von Deleuze, man spiele Beethoven ja
auch nicht anders für Musikprofis als für Laien. Diese Öffnung – das Schaffen einer „Zone", in der man experimentiert und Erfahrungen macht – bedeutet vor allem, zwei
Versuchungen der Philosophiegeschichte zu widerstehen:
der Geschlossenheit von Systemen und der von Dogmen.
Ein philosophischer Stalker zu sein, heißt, beständig auf der
Spur, auf der Pirsch nach dem Reellen zu sein, man könnte
auch sagen nach dem Leben; neue Pfade zu betreten, sich
mit der Welt zu vermischen, „Rhizome" (dezentrale Verbin-
dungen wechselseitigen Austausches und wechselseitiger
Veränderung) mit der Welt einzugehen und neue Horizonte
des Denkens zu entdecken.

Predigerinnen und Pastoren heute könnten theologische
Stalker sein. Dann würde deutlich, warum Pastoren nicht
Dinge tun sollen, die sie nicht können und für die sie nicht

---

239 53/1989.

ausgebildet sind. Gerade deshalb ist es unabdingbar, auf ihre Ausbildung größte Sorgfalt zu verwenden: Ihren wunderbaren Beruf kann man nicht können! Diese provozierende Tatsache wird durch jeglichen sekundären Dilettantismus verstellt. Die großartige Aufgabe der Pastores besteht darin, in unserer werkhaften, werkgerechten, ja werksüchtigen Welt eine entwerkte, werklose Tätigkeit auszuüben. Diese hat ihren Grund in der Erfahrung von etwas Größerem – größer, als man vertragen kann –, von dem man gezeichnet ist.

Dietrich Sagert
Vom Hörensagen
Eine kleine Rhetorik
Kirche im Aufbruch | 14

148 Seiten | Paperback
ISBN 978-3-374-03801-5
EUR 14,80 [D]

Cura homiletica ist der Name des Coaching-Programmes, das das Zentrum für evangelische Predigtkultur in Wittenberg erarbeitet hat und mit unterschiedlichen Partnern beständig weiterentwickelt. Dabei geht es darum, die Einzigartigkeit der Personen des Predigenden zum Blühen zu bringen, das, was sie antreibt zu jener werklosen Tätigkeit, die man Glauben nennt. Dies ist kein voraussetzungsloses Geschehen. Aber alle Voraussetzungen konzentrieren sich im Vortrag einer Predigt – oder sie heben sich in ihrer Darbietung auf. Dies ist das Feld der praktischen Rhetorik, dem Teil einer *cura homiletica*, der sich dem Auftritt der Person der Predigenden widmet.

EVANGELISCHE VERLAGSANSTALT
Leipzig www.eva-leipzig.de

Tel +49 (0) 341/ 7 11 41 -16   vertrieb@eva-leipzig.de